往往会为选择怎样的"种子"感到困惑。鉴于此,我们针对性地"化繁为简""释难为易",根据海外读者认知中华文化的规律和习惯,基于中国的地域、经济和文化优势,以民族性与世界性为准则,精炼了中华文化最核心的要素,即"热爱生活、喜欢自然、追求创新、崇尚和谐、海纳百川、人伦情深、时尚爱美",并以"在最美的时间,到最美的地方,领略最美的中华文化"为基本原则,选择中国十二个具有文化代表性的省或地区,采用"文化旅游"的形式,通过某一省或地区特定的文化要素,分析其在中华文化视域下的普遍性,既能为中国读者提供基本的中华文化知识,也能让对中华文化感兴趣的外国人易于理解中国文化。同时,既易讲,也易懂。

一花引来万花开。我们希望以书中的一朵朵中华文化之花,引人走进中华文化的百花园,进而引世界各民族文化之花处处盛开,使世界文化共同繁荣。

"问渠那得清如许,为有源头活水来。"我们也希望本书能给世界输入一泓清澈的中华文化之水和中国人的真诚坦率之心,浇灌人类命运共同体茁壮成长。

本书是团队精诚合作的成果,各章作者按先后顺序分别是:丁会欣、卞舒舒、夏雪飞、王琼、迟玉萌、朱婕、李挺、陆辛、王丽荣、花萌、赵莹和刘怡菲。最后由我统一定稿。

书中不足之处,期待方家批评。

孙宜学
2020 年 3 月 16 日

目 录 contents

中华文化之旅（精编版）

2　　前言 Preface

第一章　北京文化・和 HARMONY OF BEIJING

11	春夏秋冬	Four Seasons
12	帝京圣迹	Imperial Architecture
14	胡同阡陌	Beijing Hutong
18	古味今道	Traditional Beijing Flavor
22	文化东西	Fusion of Cultures

第二章　闽南文化・家 EMIGRANTS' CULTURE OF FUJIAN

29	海上丝绸之路	Maritime Silk Roads
30	理学之乡	Hometown of Neo-Confucianism
32	祭祖敬天	Tradition of Ancestor Worship
35	吃福纳吉	Food and Custom
39	聚族相承	Bonds of Family Tradition

第三章　江南文化・美 BEAUTY OF JIANGNAN

47	鱼米水乡	Land of Plenty
48	诗书古镇	Literature and Old Towns
51	江南园林	Jiangnan Landscape Gardens
56	园林雅集	Assemble of Gardens
57	书画园林	Paintings, Calligraphy and Gardens

第四章　中原文化·博 PROFOUNDNESS OF HENAN

65	九州心腹	Central Region of China
66	诸子争鸣	Origin of Schools of Thoughts
68	汉仪胡服	Rituals of Han Nationality
71	书法故乡	Cradle of Chinese Calligraphy
74	三教融合	Culture Integration
76	文化迁移	Culture Transfer

第五章　巴蜀文化·味 TASTE OF SICHUAN

83	这道辣味	Sichuan Cuisine
84	川菜三宜	Adaptation and Cooking Formula
88	五味调和	Harmony of Five Flavors
89	川菜川人	Sichuan People and Sichuan Cuisine
92	文人川菜	Chinese Scholars and Sichuan Dishes
94	饮食修仪	Chinese Table Manners

第六章　徽州文化·清 TEA CULTURE OF ANHUI

99	徽州村落	Ancient Villages in Southern Anhui
102	有好茶喝	Anhui's Tea
103	茶礼茶俗	Tea Ceremony and Custom
105	壶和之礼	Tea Pot Stands for "Harmony"
107	徽商徽学	Huizhou Merchants and Huizhou Culture
109	茶行天下	Spread of Tea Culture

目 录 Contents

中华文化之旅（精编版）

第七章　湖湘文化·蛮　BRAVENESS OF HUNAN

115	奇山异水	Magical Mountains and Lakes
116	湘辣成霸	Spicy Hunan Cuisine
118	霸蛮湖湘	Convention of Tough Hunanese
120	忠勇之实	Hometown of Warriors
124	致用之行	Practical Thought
126	"小法兰西"	Cradle of the Chinese Revolution

第八章　晋商文化·商　MERCHANTS CULTURE OF SHANXI

133	弃农从商	Abandoned Farmers and Engaged in Business
134	因盐致富	Fortune and Salt Trade
136	走西口	Route of Fortune
139	白银帝国	Empire of Silver
142	晋商之道	Way of Shanxi Merchants
144	宅门大院	Shanxi Courtyard Houses

第九章　齐鲁文化·仁　BENEVOLENCE OF SHANDONG

151	一山一水一圣人	Mountain, Water and Saint
152	礼乐德法	Ritual and Music Civilization
155	稷下学宫	Jixia Academy
157	仁与义	Benevolence and Intellectuals
161	士和士气	Soldiers and Morale
163	汉文化圈	Origin of Sinosphere

第十章　三秦文化·法 LEGAL CULTURE OF SHAANXI

169	陕北信天游	Shaanxi Local Melody
170	陕南八大件	Shaanxi Cuisine
171	关中要地	Guanzhong Strategic Point
173	东有长安	Capital of the Ancient Tang Dynasty
175	三秦法天下	Ethics and Law
178	礼法融情	Benevolence in Law
181	情理本位	Chinese Legal Culture

第十一章　云南文化·彩 COLOR OF YUNNAN

187	多样性博物馆	A Museum of Variety
188	食草虫竹米	*Cordyceps sinensis* and Bamboo Rice
189	着风花雪月	Costumes of Ethnic Minorities
192	依山顺水居	Ethnic Minority Housing
193	民族文艺库	Hometown of Ethnic Culture
196	民俗宗教	Customs and Religions

第十二章　上海文化·潮 MODERN SHANGHAI

205	上海姓海	Sea Routes
207	西学东渐	Influence of Western Learning
209	激灵上海	Shanghai Alleyways
213	上海老潮	Fashion Traditions of Shanghai
217	城市天际线	City Skylines

第一章

北
京
文
化

和

◇ *Chapter 1* ◇
Harmony of Beijing

北京,"中国八大古都"[1]之一,现为中国的首都。它北靠燕山,西倚太行,东临北京湾,南面有永定、潮白两大水系,五河四水库[2]。其三千多年的建城史、近千年的建都史,无数名胜古迹、人文景观,享誉中外。

北京,作为现代城市,砖瓦皆梦、四时均美;作为历史古都,大气醇和、包容万千。

---

1 指西安、洛阳、北京、南京、开封、安阳、杭州、郑州。
2 五河,指自西向东贯穿北京的五大水系:拒马河、永定河、北运河、潮白河、蓟运河;四水库,指密云水库、官厅水库、怀柔水库、海子水库。

◇ 春夏秋冬 ◇

大觉寺的杏花，北海的风，香山的红叶，陶然亭的雪……四季流转，北京，引无数文人吟咏称赞。单就北京的秋天，在老舍[3]看来"北平之秋便是天堂"（老舍《住的梦》）。

秋天，站在四合院里，看着喇叭花盛开，听听鸽子的哨声，自是惬意。在这个走马调鹰的季节，离开城市的喧闹，到近郊的西山或八达岭登高望远，别有一番天地。红柿炊烟，虫鸣秋蝉唱；草木摇落，天高秋风爽，这份清冷和萧索更能让人体会生命悲欢。

清秋过后是寒冬，光秃秃的树枝直刺天空，阳光丝丝缕缕照在地上，腾起的尘埃清晰可见，哪里来的鸦声，打破这一份寂静。屋外的冰冻，让屋内的温暖格外舒坦。最妙的是雪，无论是皇城的红墙黛瓦，还是民房的青砖灰瓦，配上洁白的雪，十分美丽。夕阳西下，晶莹的雪粒泛着点点微微的红黄。堆雪人、打雪仗的欢乐是每个孩子在冬天的渴望，踏在积雪上，咯吱咯吱的声音，回响在整个童年。

北京的春天似乎不易察觉，十分短暂。在周作人[4]看来，北京的春天更像是冬天的尾声和夏天的开始。确实如此。惊蛰春分的气节过了，

3　老舍(1899—1966)，中国现代小说家、作家、语言大师，著有长篇小说《骆驼祥子》等、短篇小说《赶集》等。

4　周作人(1885—1967)，中国现代著名散文家、文学理论家、评论家、诗人、翻译家、思想家，新文化运动的杰出代表。

尚未看到花开叶绿。风一吹，古老的城墙边，柳树先透出绒绒的绿色，绿中带着嫩黄。然而，再过些时日，柳絮便轻轻扬扬地追逐路上的行人了。鲜花开了春天也就来了，就像刚刚午睡一场，醒来便是夏天了。

北京夏天，热得干脆，不拖泥带水。午后一过，热就有收兵之势。不似南方，热得黏腻，让人无处可躲。四合院里，搬张凳子坐在瓜棚花架下，或铺张凉席，摇着扇子，吃点西瓜、绿豆冰糕，听着收音机里的相声、京剧，自有清凉。

◇ 帝京圣迹 ◇

北京的圣迹，是其与中国其他历史古城的最大区别。皇城、皇宫、皇苑、皇陵、皇家祭坛与寺庙，几百年，历数沧桑。

紫禁城 是整个皇城的中心，是明、清两代（明：1368—1644，清：1636—1911）二十四个皇帝的皇宫。

紫禁城，北有万岁山，南有金水河。红墙黄瓦，画栋雕梁，金碧辉煌；等级分明，戒备森严，皇权至上。紫禁城中的建筑个性鲜明，名称各异。等级最高的称为"殿"，是皇帝居住和朝会的地方，如太和殿；体量和建筑形式上与"殿"相仿的是"宫"，但二者功能不同，宫是皇帝和家人居住的地方，如乾清宫；处理政事或供奉佛像的为

"堂",如内阁大堂;游憩藏书等所用的为"阁",如文渊阁;与"阁"相似,但等级稍低的为"楼",如阅光楼;书斋或学舍为"斋",如淑芳斋;敞厅为"轩",如古花轩;起居宴饮用的为"馆",也作礼佛之用,如咸若馆;乘凉观景的为"亭",如御花园中的千秋亭。"门"便是故宫内的门户,如午门。前朝三殿——太和殿、中和殿和保和殿,名字中都有"和"字,寓意公正平和、天下和谐、长治久安。

颐和园 原名清漪园,是现存皇家园林中保存最大、最完整、最主要的园子,也是中国古典园林艺术的集大成者。

颐和园为人工建造,却借助山势,北有万寿山,南有昆明湖,湖光山色,北雄南秀,宛如天成。园林中统摄全园的主体性建筑为万寿山上的佛香阁,乃园林与宗教的融合,更添神圣。园中还有中国古典园林中最长的一条游廊,共绘彩画一万四千余幅,自然风光、历史典故均在其中。

颐和园虽为皇家园林,却也融入了农家园林的元素。西堤以西,留有大片稻田,还有农户在其中种桑养蚕。虽在北方,颐和园却也借了江南市井和江南私家园林的景致,园内的苏州街便是模仿苏州城里的街巷,铺面林立,招幌临风。万寿山后的四大部洲则充满藏族风情,是满、蒙、藏、汉等多民族文化相融共生的乐土。园中最为有名的当属谐趣园,此园很大程度上仿造了无锡惠山寄畅园的意境。

圆明园 素有"万园之园",集"一切造园艺术的典范"的美誉。清朝,康熙[5]将畅春园以北一里的园林赐给其四子，后来的雍正[6]，并亲题园额"圆明园"。园中既有金碧辉煌的宫殿、楼阁亭台，也有山乡村野的田园风光；既有仿照杭州西湖的雷峰夕照，也有化神话为现实的蓬莱瑶台。这些景致彼此又相借成景。

圆明园不仅融北方皇家园林、江南私家园林、桃花源式的农家园林于一体，还广泛结合了佛家园林和西洋园林艺术。长春园北界的"西洋楼"区，由谐奇趣、方外观、大水法等建筑和庭院组成，为西方传教士指导，中国匠师建造。虽然建筑形式是欧式的，建筑装饰却也吸取了中国传统手法，成为东西方园林交流史上的美谈。

遗憾的是，如今，圆明园只剩遗迹。

◇ 胡同阡陌 ◇

金碧辉煌的紫禁城和青砖灰瓦的胡同是北京城的头和胳膊腿儿，缺一不可。皇城圈的宫殿、园林、寺庙雄伟庄严，皇城外的胡同却满是人间烟火。

胡同 北京的胡同历史悠久，可追溯到唐代（618—907）。北京的胡

5 　康熙(1654—1722)，清朝第四位皇帝，1662—1722年在位，清朝定都北京后的第二位皇帝。
6 　雍正(1678—1735)，清朝第五位皇帝，1723—1735年在位，清朝定都北京后的第三位皇帝。

同，形同棋盘，状如八卦，密如蛛网，四通八达。其数量之多，老北京有句俗话："有名的胡同三百六，无名的胡同多如牛毛。"

许多小胡同看似不起眼，却蕴含了深厚的历史文化内涵。如西四丁字街西侧的砖塔胡同。其名称，来自矗立在胡同中的一座青砖古塔，这座塔是元代（1271—1368）名臣耶律楚材的老师，金元之际的高僧万松老人的葬骨塔。就在这个小胡同里，元曲四大家[7]中的关汉卿、马致远等人将浓郁的市井风情流于笔端。20世纪，来自南方的鲁迅[8]在此写出了小说《祝福》，编订了《中国小说史略》。二十多年后，作家张恨水在这里写下了《啼笑因缘》，并走完了人生最后一程。

北京胡同的名字大多非常有趣，有以形象标志命名的，如细长的叫"竹竿儿"胡同；有以当地特点或形状命名的，如耳朵眼儿胡同；有以衙署官方机构命名的，如贡院胡同；有以市场贸易命名的，如骡马市胡同；有以历朝私家园林命名的，如什锦花园胡同；还有以吉祥话儿命名的，如平安胡同。当然，也有浪漫的胡同名，如芳草地胡同、百花深处胡同。

胡同的名字并非一经取好就不再变化。为了文雅，驴市胡同改成了礼士胡同，猴尾巴胡同改成了侯位胡同，鸡爪胡同改成了吉兆胡同。所以，在高义伯胡同遇不到姓高的老伯也不要奇怪，因为它原名叫狗尾巴胡同。

7　指关汉卿、白朴、郑光祖、马致远四位元代杂剧作家。
8　鲁迅(1881—1936)，即周树人，中国现代著名文学家、思想家和革命家。其代表作之一《狂人日记》是中国第一部现代白话文小说。

但也有一些胡同名彻底改变了。如船板胡同改成了东四十三条，骆驼胡同改成了东四十四条。除了老北京，恐怕很难有人知道它们的前身了。

四合院　胡同串联起四合院，四合院的"一扇扇门开向胡同"（王辛笛《记忆中的北京胡同》）。

四合院有大四合院、中四合院和小四合院之分。大四合院一般是王府的住所，如什刹海西街的恭王府。平民百姓住的多是中四合院和小四合院。平民中即使是有钱或有名人家，也不能因财大气粗将住宅称为"府"，只能算是"宅"。旧时，四合院多为独门独户。四面房门都向院子开着，一家人生活其中。北房为正房，最得阳光，为家中老人所住；东西两侧为厢房，长子住东厢房，次子住西厢房；南房称倒座房，为佣人仆役所住；女儿住在后院。

无论大小，四合院里都会养些花草鸟鱼。养鱼有"金玉满堂""年年有余"的美好寓意，石榴树有"子孙满堂"的寄托，柿子树有"事事如意"的心愿。花，多栽玉兰、海棠、桂花、芍药等，以求玉堂富贵、四季平安。也有人家会在院里种上丝瓜、豆角等，藤架下便自有一番天地。

四合院里的影壁、门墩儿和如意门也在诉说着主人对生活的憧憬。影壁上的砖雕装饰寄托了人们吉祥富贵、长寿幸福、趋吉避邪的愿望。常见的图案中，竹代表气节，牡丹象征富贵，海棠代表满堂；

麒麟代表吉祥，仙鹤象征长寿，猴寓意封侯等。喜鹊与梅花，则是喜上眉梢。

门墩不仅仅是座儿，更是精美的石雕，或方或圆。在古代，方形的门墩多为文官使用，圆形的门墩多为武官使用。门墩上的图案，或花草虫鱼，或神仙传说。如三只羊，代表否极泰来；鲤鱼跳龙门，代表着步步高升；蝙蝠高飞，代表福气来临。

而如意门儿，听起来就透着吉祥。如意门洞的左右上角，有两组挑出的砖制构件，砍磨雕凿成如意形象。门口上面的两个门簪迎面多刻"如意"二字，以求"万事如意"，如意门大概就由此得名吧。

随着时代变迁，四合院不再是独门独户，而是变为杂居。几家人共用一个院子，生活空间变小了，却也多了几分热闹。

京片子　北京人，尤其是老北京人，特别注重礼节，见面作揖是常事，称呼别人多用您，打招呼常说："您吃了吗？"客气话也常说："您有空到家里坐坐。"麻烦别人多用劳驾，借光，劳您大驾。谦和之余，北京话也生动幽默，儿化音的词儿，听起来俏皮活泼。老北京将爱开玩笑叫"耍贫嘴"和"侃大山"，这种"贫"和"侃"绝不招人厌，不刻薄，也不阴损，而是明明朗朗的幽默，听起来利落痛快。

遇到小两口儿吵架，北京人劝架不长篇大论，摆事实讲道理，单单一句："我说你们小两口儿有意思，就像饭馆里的菜——老炒（吵）着啊。"小两口转怒为笑，这架也就好劝了。普通话中一些"中规中矩"的书面语，一换成对应的北京话，就趣味盎然了。如食量大的却给很少的饭菜，肯定吃不饱，北京人就说"茉莉花儿喂骆驼"，小小茉莉花喂庞然大物，着实差得远。对老于世故、逢场作戏者，文学作品中多要费些笔墨才能让其露出真面目，老北京人只用一句话："见着是六月，见不着是腊月。"人前一套，背后一套的嘴脸便立马清晰了。

北京话的鲜活和幽默中也蕴含哲理。对于积蓄虽多但只出不进，坐吃山空的人，必以"大海架不住瓢舀"儆诫。家有金山银山，如果只出不进也会坐吃山空。对办事毫无准备，临阵烧香抱佛脚的人，老北京人会说"现上轿子现扎耳朵眼儿"。新娘子上了花轿才忙着扎耳朵眼儿，话俗理不俗。

◇ **古味今道** ◇

老字号 老北京有句口头禅："头顶马聚源，脚踩内联升，身穿八大祥，腰缠四大恒。"这句口头禅说的是：头戴马聚源的帽子最有面子，脚穿内联升的鞋子最上档次，身上穿八大祥的绸布做的衣裳最光彩，腰包里有四大恒的银票最富有。可见，在京城百姓心中，它们是身份的象征。

这些老字号还衍生出不少歇后语，如东来顺的涮羊肉——真叫嫩，六必居的抹布——酸甜苦辣都尝过，砂锅居的买卖——过午不候。老字号,历经百年而不衰,已渐渐融入普通人的生活和文化中。

北京老字号的创始人大都不是地道的北京人。同仁堂的创始人乐显扬祖籍浙江宁波,瑞蚨祥的创始人孟鸿升祖籍山东济南,内联升的创始人赵廷家在天津。他们都来自五湖四海,来京谋一份营生,手艺学到手,站稳脚跟之后便张罗开店,一开就是百年。

如今,这些老字号的很多工艺都已成为文化遗产,如张一元茉莉花茶制作工艺、戴月轩湖笔制作技艺、一得阁墨汁制作技艺等。不少老字号的店面牌匾更是出自名家之手,如"瑞蚨祥鸿记"茶叶店为吴春鸿[9]所书,"稻香村南货店"为寿石工[10]所书,"荣宝斋"为陆润庠[11]所书。

京味 柳泉居的酒,庆林春的茶,都一处的烧麦,全聚德的烤鸭……历来,北京人讲究"会吃",不在于在哪里吃,吃得多贵。

立春这天,传统的老北京必定要吃上一顿春饼炒合菜,寓意新的一年一家人和和美美、顺顺当当。立冬要吃饺子,习俗叫"安耳朵"。冬天,适合进补,所以也是吃牛羊肉的好季节。当然也少不了喝腊八粥、泡腊八蒜,大白菜更是冬日餐桌上的主角。大白菜,如北京人一样能俗能雅,自家锅里炖、炒,哪怕只是简单熬一熬,加点盐,也好

---

9 吴春鸿,晚清著名的书法家,擅长赵字。
10 寿石工(1885—1950),篆刻家,1917年与陈师曾创立北京美术专门学校,后任教于北京女子文理学院、北京艺术学院。
11 陆润庠(1841—1915),同治十三年(1874)状元,溥仪的老师,其书法清华朗润,擅行楷。

吃；也上得了大饭店里招待贵宾的台面，清蒸鱼翅常常还要配一点雪白的白菜心，就连满汉全席也少不了一道糖渍白菜心。每到冬季，北京人排队买白菜，储白菜，也是京城一景。

不同的季节吃不同的东西，同一样东西，不同的季节吃法也不同。同样是肉，四季吃法各有讲究。春天吃红润的酱汁肉，夏天吃清爽的白煮肉，秋天吃酸甜软糯的樱桃肉，到了冬天则是一碗冒着热气的酥烂蒸肉。

京剧 作为中国的五大戏曲[12]剧种之一，京剧在清朝从孕育走向成熟。乾隆五十五年（1790）起，原在南方演出的三庆、四喜、春台、和春四大徽班陆续进入北京。这四家徽班各有所长："三庆的轴子，四喜的曲子，和春的把子，春台的孩子。"三庆班的连本大戏最过瘾，四喜班的曲子最耐听，和春班的武生最精彩，春台班的童伶最有活力。四大徽班，一驻百年。在这期间，徽班之间不断磨合，并逐渐融合了昆腔、汉调、京白、梆子腔，扮相和身段也融各家所长，最终形成京剧。生、旦、净、末、丑，西皮二黄流水，脸谱水袖锣鼓，京剧以其特有的"形神合一"的艺术魅力，成为中华文化传播的重要名片。

随着京剧的兴盛，京城出现了不少戏园、戏院，眯眼听戏便成了北京城特有的韵致。京剧大师梅兰芳将京剧带出国门，使京剧艺术跻身世界戏剧之林，并形成了与斯坦尼斯拉夫斯基、布莱希特并称的世界三大表演体系。

12　中国五大戏曲：京剧、豫剧、越剧、评剧、黄梅戏。

京剧的人物角色类型：生（男性）、旦（女性）、净（有特点的男性，花脸）、末（年长的男性）、丑（滑稽的角色）。

听惯了京剧的北京人,对其他剧种也不排斥。中国国家大剧院就是中外话剧、歌剧、音乐会轮番上演的舞台。

◇ 文化东西 ◇

北京,不仅随处可见皇家文化和市井文化的融合,也可见到东西文化的碰撞。东方的祭祀文化和西来的宗教文化同在北京留下印记。

皇家祭坛 北京皇家祭坛有"九坛八庙"之说,其中天坛、地坛、日坛、月坛和社稷坛,又合称"五坛"。天坛是皇家祭天的地方,位于城南,体现了南为天,为阳;与之相对应,地坛是皇家祭地的地方,位于北方,体现了北为地,为阴;日坛和月坛各在东、西,社稷坛设在中央。对自然、天地的崇拜自在其中。

此外还有诸多道观,如白云观、东岳庙、都城隍庙等,是中国道教文化的遗产。

佛寺 北京佛寺众多,其中著名的有潭柘寺、法源寺、卧佛寺、雍和宫、护国寺等。其中雍和宫是藏传佛教文化融入京城的象征。雍和宫为康熙所建,后赐予其四子雍亲王,称雍亲王府。待胤禛继位,改称雍和宫。

1744年,乾隆为了纪念笃信佛教的雍正,也为了维护多民族国家的统一，对藏族贵族及其佛教文化采取融合政策，故将雍和宫改建为北京最大的喇嘛庙。雍和宫集中体现了汉藏结合的建筑风格，主体建筑是汉族歇山式大屋顶，在此基础上加盖五座阁楼式天窗，阁楼上建有鎏金的藏式喇嘛塔。

清代，每年正月初一，清宫要从雍和宫派36名僧人，在中正殿诵《迎新年喜经》。如今，正月初一，深夜两点，僧人们就来到殿上，诵经至天亮。初一早晨，伴着浑厚、深沉的钟声，僧人们穿过一道道院落至法轮殿诵经，祈愿世界和平，国泰民安。

除了雍和宫外，香山大昭寺、黄寺等寺庙也都映现出北京文化与藏传佛教的历史因缘。藏传佛教以外，西来的佛教文化也融入到了北京文化之中，以潭柘寺为代表。

清真寺　佛寺之外，遍布北京的还有清真寺，如牛街清真寺、东四清真寺、三里河清真寺等。牛街清真寺始建于公元996年，是北京地区历史最悠久、规模最宏大的清真寺，是西亚伊斯兰教文化融入北京上千年的标志。伊斯兰清真寺对北京文化的影响是多方面的。圆明园东北部的"方外观"就是乾隆皇帝专为信奉伊斯兰教的香妃修建的清真寺，至今遗迹犹存。

伊斯兰文化不仅融入了皇家文化、皇家园林中，在北京人的日常生活中也可见其踪迹。北京人爱吃的火烧、"油炸鬼"等，常用的治病土方，如拔罐、膏药等，都源于伊斯兰文化与回族风俗。

宗教与科学 北京还有许多教堂，较为有名的是宣武门天主堂、王府井天主堂、房山景教十字寺、崇文门教堂等九大天主教、基督教教堂。早在唐太宗、唐高宗时代（628—683），西方基督教就开始进入北京地区，那时称为"景教"。

将西方宗教文化和诸多科学文化带入北京的代表人物是意大利传教士利玛窦。利玛窦是天主教在中国传教的最早开拓者之一，也是第一位阅读中国文学并对中国典籍进行钻研的西方学者。利玛窦除了通过"汉语著述"和"西方僧侣"的方式传播天主教教义外，还传播西方天文、数学、地理等科学技术知识，对中西文化交流做出了重要贡献。明朝万历皇帝（1563—1620）曾亲自接见利玛窦，并赐居。利玛窦去世后，万历皇帝赐其墓地，实行厚葬。至今在北京西郊仍然可以看到利玛窦墓。

利玛窦传教是西方文明融入北京的一个开端和缩影。19世纪六七十年代，李鸿章[13]、张之洞[14]推行洋务运动，主张引进西方技术以使民智国强。1862年，同文馆[15]成立，西方的科学思想开始系统进入中国。"五四"新文化运动为中国请来了"德先生"和"赛先生"。至今，北京大红楼仍是马克思主义在中国传播的象征。

---

13 李鸿章(1823—1901),晚清重臣,建立了中国第一支西式海军北洋水师,洋务运动的主要领导人之一。
14 张之洞(1837—1909),晚清名臣,洋务运动的主要领导人之一。
15 同文馆,清末第一所官办外语专门学校,1862年8月24日正式开办。

第二章

闽南文化

家

◇ Chapter 2 ◇
Emigrants' Culture of Fujian

闽南,中国的主要侨乡之一,其华侨及侨眷总数约占中国的三分之一。早在20世纪四五十年代,2000多万海外中国移民中的大多数来自闽南地区。明代初期,闽南先祖就已敢突破海禁,悄悄进行对外贸易,甚至铤而走险到海外创业。鸦片战争后,海禁取消,闽南人更是大规模移居海外。闽南人历来雄心勃勃、勇于冒险。然而,闽南人却又是最"恋祖爱乡"的人群。

◇ 海上丝绸之路 ◇

中国福建省,简称"闽",地处中国东南,东面大海,西北依武夷山脉。闽南,指的是福建南部沿海区域,即现在的泉州、漳州、厦门三市。广义上的闽南指的是闽地之南,范围更广,包括莆田、龙岩以及大田县在内。

夷蛮善舟 上古时期,福建是越族分布的区域之一。傍水而居的越人为避水中蛟龙之害,截短头发,身刺花纹,民俗自成体系。直至汉代,在中原人眼里闽中依然是"方外之地""夷蛮之国"。然而,"夷蛮"却有一技之长:善舟楫。越人早在石器时代就发明了独木舟。在宋代,泉州已可造出长约 24 米的中型海船。元代(1271—1368),泉州成为四大海船建造基地之一。至明代(1368—1644),泉州仍是全国的造船中心。

亦商亦盗 处于边陲之地的闽南,负山环海,农业环境相对恶劣,农耕经济能为社会发展提供的资源十分有限,闽人不得不在农业之外寻求更多的生产方式。因此,凭借面对大海的地理之便,闽南很早就形成了与海外通商的传统。然而,海商要冒的风险还不只是风高浪急、葬身鱼腹,还有倭患和海禁之险。明朝之际,依《大明律》,违反海禁,私自下海通商者将被处以酷刑;参与买卖外国商品的居民也"必置之重法"。但是,迫于生计,也是出于利益,加之性格中固有的冒险精神和地处边陲"天高皇帝远"的心态,明代福建海商在"海禁"的压迫中不得不走上"亦商亦盗"的道路。

海上贸易权 郑成功[1]之父郑芝龙便是明末清初最大的海商,同时也是海上武装集团首领。为阻止西方海盗对中国沿海地区的骚扰,郑芝龙一面维持与荷兰人的贸易关系,一面抗击荷兰海盗。因平定海盗,防止荷兰侵略者有功,他先后被授予海防游击将军、都督、泉州总兵等职务。一直到17世纪上半叶,福建海商依然控制着东南海上的贸易权。

正是依赖闽人这样强悍进取、冒险开拓的作风,泉州得以成为海上丝绸之路的起点,有了"涨海声中万国商"的盛景,在宋元时期被誉为东方第一大港,与埃及的亚历山大港齐名。

发展至今,泉州既为福建省经济发展最快、最活跃的地区之一,也是中国著名的侨乡。目前,祖籍泉州的华人华侨约有948多万人(2018),分布在世界五大洲的130多个国家,90%侨居东南亚。泉州市内约有归侨、侨眷300多万人,约占全市总人口的53.9%,占福建省归侨、侨眷总数的60%以上。

◇ **理学之乡** ◇

闽南文化,其中既有楚越文化的遗风,也有海洋文化的气息,同时

---

[1] 郑成功(1624—1662),明末清初的军事家、政治家、民族英雄,主要成就是驱逐荷兰殖民者,收复台湾。

由于中原文化的南移北渐，又深深打下了中华核心主流文化的深厚烙印。

汉民三迁 闽南地区经历过三次大规模的移民潮。第一次是西晋末年的"永嘉之乱"[2]，社会动荡，汉人中的门阀士族大规模南下避难。第二次是唐代（618—907）前期的"蛮獠啸乱"，闽南原住民与移民、官府矛盾激化，陈政、陈元光父子率兵入闽平定动乱。第三次是唐代后期，中原战乱加剧，军阀割据一方。北方士民再次南迁，王潮、王审知兄弟率部入闽，建立闽国。

随着北方汉民南迁入闽，地处边陲闽地之民渐渐接触到了中原主流文化。然而，把闽地从"远儒"的蛮荒之地变为"崇儒"的理学之乡，实则是积数代之功而成。较具代表性的人物是开漳圣王陈元光和理学宗师朱熹[3]。

开漳圣王 陈政病故于军中后，陈元光带领兵众平定啸乱。为了更有效地开发和统治闽南地区，陈元光上书朝廷获准在泉州、潮州间设一新州，即如今的漳州，陈元光任漳州刺史。为进一步稳定局势，他将所属军队分散驻扎于闽南各地，就地垦殖，建立村落，设乡校，开创了松州书院，以中原正统的儒家伦理去教化民众，闽南的开发至此进入高峰期。

2　指永嘉年间(307—313)，匈奴军攻破晋都、俘虏晋怀帝，最终使西晋灭亡的历史事件。

3　朱熹(1130—1200)，又称紫阳先生，宋朝著名的理学家、思想家、教育家、诗人，儒学集大成者，世尊称朱子。

四百多年后，这片土地又迎来了朱熹。

理学宗师 朱熹生于福建，他一生致力于著书立说，讲学授徒，创建书院。朱熹倡导和培育的兴学重教之风在漳州留下了深刻影响，泉漳两地理学蔚然成风，闽南一带被称作"紫阳过化之区"。朱熹在建立理学思想体系的同时，也力主重建家族制度。他认为建立平民化的宗教及家族制度、重建新的家族和宗族礼仪有利于"道"的传播，而且是教化民众"忠""孝""慈"的有力工具。因此，他热衷于建立对祖先的祭祀制度。朱熹对家族、宗族制度的推崇和教化，深深影响了闽南社会的家族、乡族观念，令他们重祭祀、重乡族。

在数代人的努力下，儒学之道，在闽南广为流传，润泽各业。

◇ 祭祖敬天 ◇

闽人受楚文化和儒家文化影响，笃信鬼神，重视祭祀。过年十五日，八日须祭拜。

除夕祭祖，初一迎财神，初四接灶神，初六拜紫姑，初八敬谷神，初九拜天公，初十拜地母，十三祭关帝。祭拜的对象从祖宗先人到各路大小神明，无不虔诚。

除夕族祭 过去，祭祖仪式一般是在除夕下午，身穿盛装的同姓宗族在祠堂或墓地进行隆重的仪式。如今，人们一般都在吃团圆饭前把家谱、祖先像、牌位等供于家中上厅，安供桌，摆香炉，呈供品，焚纸钱。一家人按祖先的辈分高低，依次跪拜、磕头、行礼。这是整个家族参与的仪式。

穿灯脚 闽南人特意为家中女性成员准备的一次活动。元宵节这天，凡村中的新嫁娘或当年生了男孩的小媳妇必须穿红着绿，在女性长辈的陪同下，从祠堂的右侧边门进入，沿着墙根绕到摆着祖先牌位的"祖公龛"前，然后从灯棚下走过，求子祈福，迎祥纳吉。"穿灯脚"的目的是把新过门的媳妇儿介绍给祖先，得到祖先的认同。

敬天公 正月初九是玉皇的诞辰。玉皇是天庭神王，传说主宰着宇宙万物的兴隆衰败、吉凶祸福，也是"天"的代表。闽语称这天为"天公生"。"天公生"是闽人最为重视的节日之一。人们在神庙的大殿前设下供桌"天公坛"；在家中厅堂上挂"天公灯"，上书"祈雨平安"及一个"心"字，表示一心诚敬。夜里十一点起，家家户户燃放鞭炮。然后，在大厅的天井口用两条长凳架起一张八仙桌，桌上靠后摆上一座纸糊的"天公庙"，座前摆上祭品，有五果六斋，还有公鸡和猪蹄等荤菜。祭拜一般从半夜一直持续到清晨，这个仪式称为"敬天公"。

闽南人也很重视家神。家神十分接地气，与日常生活息息相关，门、户、灶、厕、床，无一不有神明。

拜灶神 灶神也叫"灶君""灶王爷"，是掌管人们饮食的神。同时，他还是玉皇大帝派到人间考察一家善恶的神。每逢腊月二十四，灶神回天庭向玉皇报告。人们都会在这一天"送灶神"。祭灶神时，家家户户把又甜又黏的麦芽糖涂抹在灶神像的嘴唇上，供桌上也都是汤圆、糖瓜之类吃了会把嘴唇粘住的甜食。吃了这些，灶神就有口难言"恶事"了。

到了正月初四，灶神回到人间，继续看护值守的工作。为了让灶神能准确无误地点查户口，家家户户都必须守在家里。初四一早，闽南人家就在自己的庭院里摆上了供桌，供上三牲与果盒，点香、斟酒、膜拜，焚烧"神马"纸和金纸，燃放鞭炮，迎神落户。

祭厕神 厕神，名唤"紫姑"，亦称"棕蓑娘"。正月初六，农人因感谢她为庄稼提供的肥料，特意祭拜。闽南沿海一带，少女们时常在元宵节傍晚祭祀紫姑。她们带着食品、一只寸许长的红绣鞋或小衣衫到厕内上供。祈求她赐给自己灵慧之心、灵巧双手，以期日后婚姻生活的和谐美满。

建庙族奉 闽人奉神，带着宗族印记。人们往往会选择一尊或数尊与本族有渊源关系的神灵作为崇拜偶像，举一族之力建庙供奉。

闽南民间祭祀的意义不止于祈求平安，保佑发财。相同的信仰将人们团结了起来，加强了家族内部甚至整个宗族、乡族的凝聚力。有了共同的精神信仰，彼此之间也会消除矛盾，携手共筑乡族关系网络，协调同乡关系及同乡与外部的关系，在互惠互助中，和睦相处，一致对外。

◇ 吃福纳吉 ◇

春节历时半月，合家团聚，闽南人的一日三餐，皆有讲究。

吃口彩 人们不但追求饭菜鲜美可口，口彩还要好。闽人的春节传统食物碗糕、芋头、龟粿都有求吉纳福的含义。碗糕，即"发糕"，"发"意为"发财"。用旺火蒸碗糕，顶部会裂开一条缝，便是"笑口常开"。龟粿是把湿糯米粉和糖、碎花生一起倒在乌龟形状的模子里蒸出来的，外形是一只象征长寿的乌龟。而芋头，挖出来的时候常常有许多小芋头附着在大芋头上，很像大人抱着许多孩子，象征着"子孙满堂"。

此外，桌上一定还要有一碗萝卜炒肉、一碗芥菜。闽语把"萝卜"叫作"菜头"，芥菜叫作"长菜"，取"讨个彩头""长命百岁"之意。饭后，还要吃甘蔗。因为除夕"一夜连两岁"，吃一口甘蔗，就能"甜头甜尾"，寓意一年到头的生活都会甜蜜幸福。

祭春 元宵节，闽南人要吃汤圆。泉州的汤圆别具一格，人们以炒熟的花生仁去膜捣末，加上白糖、芝麻、蜜冬瓜、金橘泥，拌以葱白的熟猪油捏成丸馅，沾湿后置于盛有干糯米粉的盘中，反复数次滚转而成。闽南人在元宵节的早晨以汤圆祭祀祖先神明，并称之为"祭春"。

赋予食物吉祥的含义，再一口口吃掉，就像把无形的福气纳入了体内。这点趣味的心思，古今相承，心照不宣。

闽菜，是中国的八大菜系之一，发源于福州。代表菜品有：「佛跳墙」、福州鱼丸、海蛎煎等。

吃福 在闽南漳州，人们索性就有一项"吃福"的年俗。正月十一这一天，方圆十几公里的人都会把"福猪"或"天公猪"赶到郊外一座叫"福山"的小山上宰杀。人们在山上起锅烧水，加上盐巴，把猪肉煮成"福肉"。再把肉均匀地分成数百甚至数千份，整齐地摆在福山的祭台前，祭祀天公、祈福。仪式结束后，村民就可以把各自的"福分"领回去，全家人一起"吃福"。

多禁忌 人们一边祈祷吉祥，一边谨守习俗禁忌。因此，闽南春节的规矩也是不少。

比如正月初一有"三不"：不扫地、不动刀剪、不取井水。

正月初三在泉州和台湾叫作"赤狗日"，不宜出门。"赤狗"遇之不吉。此外"赤"有"赤贫"的意思，所以民间也不在这天宴客，以免冲犯"赤狗"，带来贫穷。

正月初五，民间称为"破五"，意谓之前必须遵守的种种禁忌到了这一天全都破除了。正月初一为免财气流失而"忌扫地"产生的垃圾，到了初五都变成了"穷气"，必须立刻清扫，倾倒于室外，俗称"请穷出门"。这一天各家用纸做成女人的模样，称为"扫晴娘""五穷妇""五穷娘"。纸人身背纸袋，人们把屋子里的垃圾灰土装在纸人的袋子里，拿到门外用鞭炮炸掉。这个习俗又叫"送穷土""送穷媳妇出门"。此外，正月初五这一天要吃得特别饱，俗称"填穷坑"。

多喜乐 春节时娱乐活动最丰富的日子是除夕和元宵节。

除夕之夜要放鞭炮，闽南人称为"号正"。此起彼伏的炸响声会一直持续到凌晨一点。这一段时间正是古代的"子时"，喻示着"吐故纳新"。此外，闽南地区还有"跳火盆"的习俗。人们在门口用干薯藤、稻草、扫尘枝燃起火堆，家中所有的男性成员依次从熊熊燃烧的火堆上跳跃过去。跳跃过了火堆，来年的生活就能"红红火火""兴兴旺旺""无病无灾"。

除夕守岁也是一项体现孝道的传统。依照旧俗，家中老人可以休息，但儿孙辈要围坐在一起闲聊、笑闹，通宵达旦。据说，小辈们睡得越晚，就越能为家中老人增添寿命。

闹元宵 正月十五为元宵节。这天，闽南人聚集祖庙，各族各房有身份地位的男人肃立齐整，或跪或拜，口中念念有词，举行拜祖典礼。家境殷实的乡族还会请来戏班子在祠堂前上演社戏，不分昼夜。

夜晚，人们成群结队出门游街赏灯。闽南语"灯"和"丁"同音。元宵夜赏花灯，有"添丁"的寓意。渴求"多子多福"的人们自然是在张灯结彩的街道上流连忘返了。

而街上灯火琉璃，车水马龙。舞龙舞狮的乡亲们抡圆了胳膊，将神龙、雄狮舞得虎虎生威，在锣鼓的节奏中，神龙翻腾在波涛云雾之间，雄狮跃动于群山莽林之中。高跷队紧随其后，健步如飞。此后，闽南人特有的踢球舞、拍胸舞、剑舞、扇舞纷纷上演。

◇ 聚族相承 ◇

闽南商风深受儒学教化的影响。闽商的商儒之道以诚信为本,重道思义,务实求利。他们追求"以义化利",在获取利润之后通过施舍贫穷、扶助弱小、回报桑梓来使"义利一致"。

家族守望 同一高祖[4]的血缘群体称为家族。高祖以上、某代祖之下的血缘群体称为宗族。而建立在地缘关系上的若干宗族的聚合体则称为乡族。在闽南地区,家族制度、乡族制度的内涵几乎涵盖了基层社会的方方面面。

近现代时期,闽南地区的家族制度已经向宗教与民间信仰、社会经济活动、社会控制与管理、民间启蒙教育等各个方面延伸。寺庙、私塾、书院,公共设施的修建,乃至平息地方事务纠纷或民间械斗等,大多是以家族或乡族的名义进行的。

家族和乡族之间兼有血缘的维系和地缘的亲近,因此也能时时守望相助。而相互扶助的习惯,又促成了族人间的商业诚信意识与机制。

4　曾祖父的父亲。

闽台两地有一个知名家族——板桥林家。其开创者是清代福建龙溪县的林平侯（1766—1844）。十五岁的林平侯随父亲去往台湾，受雇于米商郑谷家。几年之后，以自己的积蓄及郑氏资助的千金开业，输运大米至大陆，兼及航运、盐务、樟脑业，很快资产就达到数十万银元。致富后，因思念故乡族人，于是在大陆家乡漳州创建"林氏义庄"，又把在台湾淡水海山堡的水山约五百亩，充为原籍本族义田，年收佃租，寄回家乡，用以资助宗族贫乏之人。林平侯死后，其子孙继承遗志，四代人坚持办林氏义庄达116年之久。

一衣带水 闽南与台湾，仅一水之隔。宋元时代就有闽人赴台开发。明末郑芝龙为海上武装集团首领时，便是以台湾作为据点。他曾招数万饥民到台湾垦荒，供给耕牛、种子、农具等。郑成功从荷兰人手中收复台湾以后，又有大批闽人越过海峡，开发台湾。据闽南厦门、漳州、泉州旧贯所属地域的谱牒记载，前后迁居台湾的共有125姓。据1926年12月31日的人口统计称，当时全台人口为375.16万人，其中祖籍为福建的311.64万人，占83.07%。

当时负责台湾地区文化教育的教授、教谕、训导、塾师也多为闽人。台湾岛内的主流文化几乎都是从福建传承而来。台南学甲慈济宫，每年农历三月十一日都会隆重举行遥拜大陆祖庙暨列祖列宗的"上白礁祭典"[5]。

---

5 由台湾台南市学甲区慈济宫在当地将军溪畔"头前寮"举行。隔海遥祭保生大帝祖庙，即福建白礁慈济宫。

1987年11月,台湾当局开放台胞赴大陆探亲、观光旅游以来,随着"探亲热""大陆热""寻根热"的不断升温,台湾各寺庙团体、神明会纷纷组织信徒,前来闽南进香朝圣,寻根谒祖,或捐资捐款,重修祖庙,其中每年到莆田湄洲妈祖庙进香的台胞信众就有10万人左右。

闽南与台湾,地缘相近,人缘相亲,血缘相系,文缘相承,神缘相合。

国之大家 闽南是中国的主要侨乡之一,华侨及侨眷总数约占全国三分之一。华侨在近代中国的现代化历程中,尤其是在中国政治现代化、经济现代化和公益文化事业方面,做出过卓越贡献。

政治现代化主要体现在辛亥革命的胜利上。1911年9月初,泉州地区的同盟会组织成立,并在年底顺利光复泉州。福建沿海几个城市的光复,都有南洋华侨的巨大贡献。他们几乎承担了光复所需的全部经费。辛亥革命胜利后,华侨又帮助泉州侨乡解决了民军之害。

在侨乡的近代化经济建设中,华侨一方面以侨汇为故乡的经济消费提供资金;另一方面,华侨也投资乡里,发展近代工商业,以实业救国。据统计,从第一次世界大战后期到1957年,华侨直接投资在泉州工商、交通、文化和其他实业的共有178个企业或单位,占泉州1956年工商各业总户数的30%左右。华侨还倡导了从1923年开始的历经15年的泉州老城改造。

近代闽南的慈善机构与救济事业,也大多是由华侨创办或赞助的。而泉州近代公共事业和慈善事业上，华侨几乎是绝对主力。华侨资本在泉州修建了泉安公路、泉秀公路等工程，改造了旧城。华侨还在家乡兴办学校。如 1935 年，由华侨华商创办或参与捐助的小学就达 732 所。当年，晋江全县教育经费约 47 万元，县政府只拨款 3 万元，其余全部来自华侨的捐赠。华侨还开设赠药处、养老院等，捐款捐物，助推家乡卫生公益事业。

近代华侨对故乡公共事务的参与，一如既往地依托于乡族网络。虽然在海外也发展出了新式的华侨社团，但他们与故乡基层社会之间首要的联系依旧是传统的，是基于乡族和信仰的纽带。

中华人民共和国成立后，因东南亚民族国家纷纷建立，中央政府不再承认双重国籍，大批华侨被迫改变了自身的国家认同，归化为侨居国国民，身份向华人转变，但是他们对海峡这边的故土依然有剪不断的牵挂。陈嘉庚便是最典型的例子，其为厦门同安最著名的华侨，一生倾资办学，在厦门创办了集美学村、厦门大学等学校。

放眼全球，怀有此心的华侨华人，比比皆是。

第三章

江南文化

美

◇ Chapter 3 ◇
Beauty of Jiangnan

江南,是一个区域概念。从先秦时期的吴楚一带,到唐代涵盖江西、湖北、湖南以及长江以南的江南道,其含义在古代文献中经历多次改变。现在的江南,取其字面意思为长江之南,通常指苏南的苏州、无锡、常州,上海市,以及浙江的杭州、嘉兴、湖州地区。江南,物产丰茂,风景宜人,经济繁荣,文人雅士、官宦巨贾云集,历代文人墨客,毫不吝惜笔墨,对江南极尽赞美之辞。

行走于江南山水中,美景,目不暇接。

◇ 鱼米水乡 ◇

江南，四季分明，雨水丰沛。这里的水稻产量和种植面积是中国第一，棉花、小麦和油菜的种植面积也很大。太湖流域则是著名的蚕桑之地。同时，江南还盛产各种湖鲜和河鲜，太湖三白——白鱼、白虾和银鱼驰名中外。阳澄湖的大闸蟹，肉美膏鲜。在菊花盛开的季节，温一壶黄酒，在秋高气爽的季节和朋友赏菊吃蟹，是中国人的一大人生乐事……

江南物产丰富，得天独厚的自然环境，便利的交通，为其经济的发展提供了条件。

水乡泽国 江南，由西而南山丘环抱，中部地带是苏南平原和浙北平原，拥有长江和钱塘江两大水系。江南湖泊众多，千年来大量的水利工程将这些水体联系起来，如泰伯开泊渎、伍子胥开胥溪、夫差开凿邗沟等，祖先们的努力让江南的水体星罗棋布，水网纵横，成了名副其实的"水乡泽国"。丰富的水资源为江南丰富的物产提供了条件，温暖湿润的气候使得江南成了中国的鱼米之乡。

经济风向标 早在东晋时期（317—420），北方人民的南迁为江南带来了先进的生产力和生产工具，也提供了大量的劳动力，中国的经济中心逐渐向南转移，江南经济逐渐发展，农业、养殖业、手工业成了古代江南的重要经济支柱。随着中国的进一步改革开放、新的产业和资本的引进，现代江南更是获得了新的活力和契机，很大程度上成了中国经济的风向标。

丝绸名片 丝绸，是江南独有的美。江南独特的地理环境使得其蚕桑业发达。江南的蚕桑业历史悠久，吴兴钱山漾出土了4700年前的丝织品实物，在吴江梅堰，则出土了大批4000年前的纺轮和骨针，还有一些带蚕纹的陶。

丝绸在中国纺织史上有着崇高的地位，是纺织品中的贵族，深受达官显贵们的青睐。清代顺治年间，政府专门在苏州设立了苏州织造局、南局名总织局、北局名织染局，专门生产丝绸供皇家专用。随着纺织的机械化，这种曾经为达官显贵们专用的纺织品也在晚清时期走入百姓家。苏州的盛泽等地至今仍然是中国丝绸的主要产地。而今，中国丝绸已经广销世界各地，成了一张著名的中国名片。

◇ 诗书古镇 ◇

江南，人杰地灵之地；江南人家，枕水而眠；江南水乡，是众多游客的向往之地。周庄、同里、甪直、南浔、西塘、乌镇，并称为江南六大古镇。古镇里，粉墙黛瓦的深宅大院，古意朴拙的石径、小桥，秀美小巧的河畔小阁，别有一番舒缓之意……

崇文重教 江南人好读书，崇文重教。自唐代科举考试实行以后，参加科举考试并进入仕途成了从唐代至明清时期士人的主要目标。

江南书院教育发达，大大小小的书院鳞次栉比，这使得江南士人在科举考试中往往能够脱颖而出。苏州作为历史上江南文化的中心，自唐代有科举考试以来，出了60名状元。明清时期，全国一共产生202名状元，仅苏州地区就有35名，有的竟然是同一个家族中的父子或是兄弟。

士人之间也以文相尚。尤其是明代中叶以来，商品经济快速发展，著书立说、刻书藏书的文化氛围浓厚，江南出现了著名的四大藏书楼[1]。印刷作坊和书肆如雨后春笋，仅明代中叶的刻工就有650多人，著名的刻书坊有100多家。出版物的流通又促进了知识的流通，为提高整个江南的文化水平提供了重要保障。彼时，江南地区出现了诸多著名的文化世家，这些文化世家规模庞大，多及几十代，甚至出现了很多著名的女性诗人和作家。

文化中心　诗意的环境、发达的经济、丰富的物产使得江南成了名副其实的天堂之地，江南也因此形成了自己独特的文化。与北方以儒家思想为中心的文化相比，江南文化偏向于以道家思想和玄学为中心，其审美特征是阴柔之美。

江南地处沿海，海路方便，海面开阔，对外贸易发达，这些都使得江南人思维比较开放，乐于接受各种不同的文化。先秦时期（旧石器时期—公元前221年），江南文化就开始受楚文化和中原文化的影响，楚文化的神秘优美和中原文化的中和敦厚在江南得到了奇特的融合。

1　指宁波的天一阁、杭州的文澜阁、湖州的嘉业堂以及瑞安的玉海楼。

历经中原的三次南迁，到东晋南朝时期（317—589），江南已成为中国文化的中心，出现了如王羲之（303—361，又说321—379）、顾恺之（348—409）、谢玄（343—388）等一大批著名书法家、文学家。连武将出身的梁武帝（464—549）也在文学上颇有建树，其子昭明太子萧统所编的《昭明文选》[2] 更是成为文化的经典。

江南的诗画，没有中原之地的广博雄浑之气，更多的是柔和细腻，缱绻多情。

常州的以恽（yùn）南田为代表的恽氏画学、苏州的吴门画派[3]、虞山画派[4] 等，都对中国传统书画产生了巨大的影响。尤其是恽南田，他的诗、书、画皆造诣深厚。其书法吸取了各家的优点而融为一体，秀美轻松，优雅和谐。其画作，更是江南柔美之代表，他独创了花鸟画的"没骨"画法[5]，直接用颜色绘成花页而无"笔骨"。

戏曲方面，江南前后出现过吴江派[6]、苏州派[7] 等戏曲流派，诞生了顾阿瑛、魏良辅、吴伟业等著名的戏曲艺术家。流传至今的昆曲已成为世界文化遗产。

2　中国现存最早的汉族诗文总集。
3　主要代表人物有沈周、文徵明、仇英、张宏等。
4　主要代表人物有王石谷、黄公望等。
5　中国画技法名，不用墨线勾勒，直接以彩色绘画物象；没，音 mò。
6　代表人物沈璟。
7　代表剧作家有李玉、朱佐朝。

◇ 江南园林 ◇

白墙青瓦，亭台楼阁，曲桥回廊，假山池水，书画家具……苍翠掩映中的江南园林，遍及苏州、杭州、无锡、扬州等地。明清时期扬州园林之繁盛，甚至超过了苏州，可惜多毁于战乱。杭州西湖旁，园林鳞次栉比，"郭庄"的"西湖第一名园"当之无愧。苏州的狮子林、拙政园、留园、网师园、沧浪亭已被联合国教科文组织列入《世界遗产名录》。

退守隐逸　明清时期，苏州园林的主人多为退居的官宦，他们希望能退隐山林，避开尘世，投身自然，在自然中感悟生命的真谛。他们的人生追求在园林的名字中一一体现，如"拙政园"，表现的是园林主人退守自然的生活态度；"沧浪亭"，表达的则是如不能在仕途实现自己的理想，宁可退隐山林中，享受人生的静谧和悠然。

师法自然　江南园林的设计与建造，注重师法自然，因地制宜。苏州园林中的路径和池水，都是曲折的，不规则的，既无相同的景物，也不讲求对称，一切都是自然而然，率性而为。拿假山来说，它是任何一个江南园林中必不可少的要素，在对假山的运用和堆砌上，常取太湖之石，不做雕饰。但是如何堆砌，却体现了设计者的情感和思想。如著名的狮子林中的假山，由于其主人天如禅师得法于浙江天目山的狮子岩，而佛教中又有狮子吼之说，所以在大画家倪云林[8]的指点下，

8　即倪瓒(1301—1374)，号云林子，元代画家、诗人，开创了水墨山水的一代画风，"元四画家"之一。

江南园林的设计与建造，注重师法自然，因地制宜。苏州园林中的路径和池水，都是曲折的、不规则的，既无相同的景物，也不讲求对称，一切都是自然而然，率性而为。

假山就取本来呈狮子状的石头作为材料进行堆砌，形如一幅群狮图。假山上植有树木，还有很多山洞，小径峰回路转，如进入了真正的山中。石头不仅以假山的形式出现在苏州园林中，更出现在每一个细节之中，墙上的画框中镶嵌着打磨成片的石头，取石头的天然纹理为画，家具上也镶嵌着天然的石头，一切都与建筑浑然天成。

土木营造　中国的传统建筑以木结构为主，与欧洲建筑和伊斯兰建筑并称为世界三大建筑。而江南园林，更是土木之功文化留存下来的宝藏。

江南园林中的建筑，多以大块的木料为构架，其余的一切都是从这个构架上延伸开来。大木的构建主要分为柱、梁、椽等八类，整个建筑分台基、屋身、屋顶等三部分，屋顶的重量由椽传到梁，由梁传到柱，再由柱传到地基之上，土和砖筑成的墙也只是柱和柱之间的填充，没有承重的功能，这一特征给予建筑更多的灵活性，可以根据具体情况决定窗和门的数量和分布。所以，在江南园林中，建筑物的墙上常常有很多扇窗子，通过窗子的镶嵌组合使建筑本身更好地融入风景中。建筑物的飞檐，则常用小木头拼装组合或雕琢而成，使建筑显得气韵生动。而江南园林中随处可见的亭子，只有构架，没有墙的填充，如一把把撑开的伞，与自然往往融为一体。

壶中天地　苏州园林，可谓是"壶中天地"。网师园，小巧且层次丰富，是"壶中天地"的代表。网师园位于苏州城南十全街，原址为南宋藏书家史正志的"万卷堂"，花园名为"渔隐"。清乾隆时期的光禄少卿宋宗元将其购得后加以重建改造，更名为"网师园"。"网师"指的是渔夫的意思，喻示着退隐。网师园占地只有 0.54 公顷，建筑面积却高达 42.38%，但是漫步其中，却没有局促感。全园南部以琴室、蹈和馆、道古轩为中心，形成了居住功能的小院。中部区域以一个略成方形的水池为中心，周围廊、庭、阁、轩环抱，临水而建的射鸭廊、濯缨水阁及小石桥都建得比较低，这样就使得水面显得更为开阔。

网师园虽小，但路路相通而又迂回曲折，有明有暗，有显有隐，使得整个园林的空间得到了延伸。遵循不同路径程序，逆时针或者顺时针参观，会看到不同的景观。不同的景观，又增强了网师园空间的延展性和复杂性。院中的"殿春簃"，小巧精美；院内的书房，亭台、太湖石与错落有致的梅、竹和芍药花相映成趣。作为中国园林的范式，网师园被仿制后在美国纽约的大都会博物馆展出。

草木自然　如果说江南园林营造中的叠山理水创造了"天人合一"的自然之境，那么，园林内的植物则不但是这一境界的重要组成部分，更是园林主人人生哲学和道德修养的重要表现，也是江南知识分子文化的代表。

竹子，历来为文人所爱，江南园林中到处可见，如沧浪亭"翠玲珑"周围的竹林。拙政园的"吾竹幽居"、狮子林的"修竹阁"直接用"竹"字为园内建筑命名，或取竹林的幽静，或取竹子的品格。

荷花，江南水乡的水生植物，莲子和根茎都可以食用，同时具有很高的观赏价值，历来为人们喜爱。此外，在中国传统文化中，荷花象征着洁身自爱，不受身边环境污染的人格。而且，自从东汉（25—220）初期佛教传入我国，荷花就被赋予了超脱凡尘，从此岸到达彼岸的意义。这些特征都与中国传统文人所追求的人格理想不谋而合。

松柏、柳树等也都是中国古代诗词中经常出现的意象。以柳树为例，"柳"和"留"谐音，意味着离人分别时的缱绻和不舍。

这些江南园林中广泛种植的植物，无不体现了园林和诗词的相通，能工巧匠们、文人墨客们通过园林再现了诗歌的美妙景象和意境。

◇ 园林雅集 ◇

精巧美丽的园林不仅仅可用来居住，而且是文人雅士们聚集的重要场所。

文人雅集，自古以来是传统文人的重要休闲和交际方式——吟诗作赋，谈禅论道，品茗饮酒，研究书画，弹奏乐器，游览园林……吟诗作赋是雅集的主要内容，因此，雅集上留下了诸多著名的诗词。如东晋时期王羲之等人的兰亭雅集，共作37首诗歌，汇编为《兰亭集》，王羲之所作的《兰亭序》更是广为流传。后来著名的雅集还有唐代的曲江宴、宋代的西园雅集、元代的即寺雅集等。

才女文化　明清园林在给文人雅士、富宦巨贾们提供集合之所外，也为女性提供了一个公共的空间，这是明清时期江南园林文化中的一个独特景观。在中国的传统文化中，从先秦开始女性的生活范围仅限于闺房之中。但是，随着明清时期商品经济的发展，游玩之风兴盛，女性也渐渐地参与踏青游园活动。此时的私人园林，在模拟自然山水的同时形成了一个公共活动的空间，同时，又因为它是住所，符合私人空间的特征，女性在这一模糊的空间中，能够感受到自然之美并参与文人雅集的活动，由此形成了明清独特的才女文化。

其中有名的女性团体要数清代袁枚[9]随园中的女弟子们。袁枚有十三位著名的女弟子，她们常常在随园集会，跟袁枚学习写诗，她们的诗歌有一些被收录在袁枚的《随园全集》中。其中，袁枚的大弟子席佩兰颇负盛名，曾经在吟联中难倒了自己未来的夫婿，一时传为佳话。《红楼梦》中的大观园也是女性雅集之所，她们常常在雅集中作诗、对对联、欣赏美景。很多有名的诗句均出自女性之手。

◇ 书画园林 ◇

中国园林建造史上，从唐代开始，诗人、画家就直接参与园林的设计，如唐代著名的诗人王维，既擅长写诗，也擅长作画。他的居所"辋川别业"位于蓝田县，周围是奇花异草遍布的山涧，叮咚的清泉

---

[9] 袁枚(1716—1798)，清代诗人、散文家、文学评论家和美食家，著有《小仓山房文集》《随园诗话》等。

在峰峦叠嶂中回响。"辋川别业"为历代建筑学家们津津乐道，也是中国早期园林的典范。

诗情画意　宋代造园之风日盛，一座园林是否具有诗情画意成了衡量园林得失的重要标准。与前代相比，宋代绘画达到了很高的境界，出现了很多颇有影响力的绘画理论专著。郭熙的《林泉高致》、米芾的《画史》等，都详细论述了山水画的立意构图以及技巧等方面的知识，这些画论自然影响到园林的营造。在这种风气的延续之下，明清时期江南园林的兴起，促成了造园理论趋于成熟，如明代计成的《园冶》。另外，明代文震亨的《长物志》以及清代李渔《一家言》都对造园理论有所涉及。这三个人均出身画家，所以他们的造园理论中有很多绘画理论的影子，而且经由他们设计的园林也如同一幅幅山水画——秀美的山水、薄雾轻笼、小舟荡漾的湖面……对于具体物象的审美，园林和绘画也是如出一辙。以园林中的石头为例，园林中的石峰要"透、漏、瘦、皱、丑"，这一标准也是中国传统的文人画家们评赏石头的标准。留园的冠云峰，就是这一美学观的典型体现。

取色于画　传统山水画的色彩，也为江南园林所取法。山水画发展之初，以青山绿水的重彩为主。随着对意境的注重，文人画中的山水画逐渐舍弃了青山绿水的重彩，而采用皴法表现山石的纹理，用水墨的浓淡干湿表现景深的变化，进而追求淡泊清新的审美趣味。受文人画的影响，江南园林的色彩主要以淡雅、素朴为美。墙面的颜色主要是白色，墙上的砖制花窗也一般是砖瓦本来的深灰色；梁坊柱头常用栗色，有的柱头用黑色；地面的铺设和屋顶，也一般采用素冷的色调；

室内装饰的家具、屏风等，也都以深褐色为主；墙上或家具的装饰也常用天然的石头加以打磨而成，保留了石头原来朴素的肌理和灰白相间的颜色。这种朴素之美与宋代之后兴起的文人画有着内在的同一性，构成了江南园林清淡优雅的艺术境界。

六法园林 南齐（479—502）画家谢赫在其《古画品录》中提到了绘画六法。所谓"六法"，指的是"气韵生动""骨法用笔""应物象形""随类赋彩""经营位置""传移模写"。而江南园林的设计者大多是精通绘画者，园林主人们也都是饱读诗书，懂得鉴赏绘画，所以绘画六法自然被引用到园林的营造中。《江南园林志》的作者童寯品评园林时就借鉴了《古画品录》的方法。

六法之第五法为"经营位置"，强调所画之物的位置要仔细推敲、分析、研究和谋划。这说的是绘画的构图，一个好的构图犹如建筑的骨架，决定着作品的成败。以拙政园的布局为例，全园分为东部、中部和西部三个园区，园林的门口是一座黄石假山，掩住了园林的景色，起到了先抑后扬的作用，依次经过东部的天泉亭、芙蓉榭等景点，游人的感情不断升温，为游兴最盛作铺垫。随着到达园林中心的远香堂，在田田的荷叶和山光水影之中，园林的艺术感染力达到顶点。然后再进入园林的西部，最后一个景点为盆景园，如众流归海，使游人有意犹未尽之感。

疏密与奇正 从具体景物的布置上说，园林的营造还注重疏与密、奇与正的结合。在书法中，疏指留白多，密则相反，一疏一密，一张一弛，让书法作品显得气韵流动。江南园林中的布景，也采用疏密结合的手法。拙政园的东部，建筑安排得比较少，主要是大片的绿化景色，长廊和亭榭只是其中的点缀。但是到了园林的中部，建筑和景点的密度则大大超过了东部和西部，凸显了中部在整个园林中的主体地位。东部和西部在烘托中部的同时，也如同发轫和回响，互相照应，使得整个园林的布置错落有致。在园林景物的布置上，还需要奇正相生。在江南园林中，园林中的假山常常造出"奇险"之境，但这一景物又往往被安放在平静的水池边或者是庭院的平地之上，在山石的磊落中有一整齐之笔，达到了奇正相间的效果。

参差和曲折　曲折可以带来新的意境，画中的曲径、曲桥、曲廊、曲室……一如江南园林的营造之物。纵观江南园林的平面图，所有的路径、河池、回廊或桥都是曲折的。如晚清俞樾建于苏州的"曲园"，因为面积小，为了能够使园林的空间得以延伸，所有的造景都采用曲折的手法，是这一造园技巧的代表。再如拙政园的"柳荫路曲"，游廊随地形而曲折，一路向西南到达"别有洞天"，一路向北到达倒影楼、见山楼等景点。这一游廊共有七个不同的走向，每一走向的景点各异，完美地实践了中国古典绘画中"散点透视""移步换景"的美学追求。

而书画，作为装饰，在江南园林中又随处可见。园林中的楹联、匾额使得游客如同置身于书法展览馆中。

江南园林，如同一幅幅立体的山水画，身在其中，若在画中。

江南水乡，小桥流水人家

第四章

中原文化

◇ Chapter 4 ◇
Profoundness of Henan

中国五千年历史,有近四千年,文化中心都在中原。中原是中华文明的主要发祥地之一,也是历史上的兵家必争之地。行走于中原大地,伸手,可摸秦砖;抬脚,可踢汉瓦。左顾,黄河九曲;右盼,故园千里。中原的一草一木都带着浓郁的文化气息和强烈的历史冲击。这气息,含有文化母体的韵味与风情;这冲击,来自历史本源的厚重与广博。

第四章 中原文化·博

◇ 九州心腹 ◇

良好的自然环境与人文环境孕育了博大精深、源远流长的中原文化。

优渥的自然 中原位于中纬度暖温带和北亚热带地区，地处黄河中下游，气候宜人，四季分明。中国的一年四季、二十四节气之分，是由周公旦[1]从河南登封测日影而定的。中原北有巍峨太行、王屋，南有峻秀大别、伏牛，西有苍茫崤山、秦岭；中岳嵩山于万象中挺拔而立。黄淮二河，蜿蜒奔流，滋润豫北、豫中、豫东大平原，中原土地肥沃，粮食产量为中国诸省之冠。金银铜铁等矿物，从上古开采至今而不竭；钼铝铅钛等金属，为全球瞩目的蕴藏地。

千年农耕文明 地理环境决定了中原人以农耕文明为主的生产、生活方式。从夏代（约前2070—前1600）开始到南宋（1127—1279）偏安，约三千年的中华文明史主要是依靠这一带农业经济支撑和发展的。农耕文明有利于发展各种文化制度和先进工艺，维持众多的人口和稳定的生活空间，从而使中原地区不仅最早进入文明社会，而且有实力抵御其他经济类型的民族的冲击，保持了历史的连续性和文化的先进性，这也是中原文化一直屹立不倒的重要原因之一。

兵家必争之地 中原地区素有"九州[2]心腹，十省通衢"之誉。重要的

---

1 即姬旦,政治家、军事家、哲学家,中国商末周初儒学奠基人。
2 中国古代时期的代称,相关区域为冀州、豫州、雍州、扬州等九州。

地理位置和便利的交通，使得中原成为四方文化的汇集之地，成为物流、情报、信息传播中心。以中原地区为中心，北上内蒙古，东北到黑龙江畔，南下珠江流域，东南赴闽台，西南入云南，西达天山脚下，东抵东海之滨，大都跨越2～3个省区。便利的交通条件使中原地区表现出海纳百川的气势，重要的战略地位又使之成为群雄逐鹿的竞技场。古往今来，中原是兵家必争之地。

千年帝王家 中原地区，是中国古代建都最多的区域。多年来，学术界先后确定中国有"六大古都""七大古都"和"八大古都"。"六大古都"指的是西安、洛阳、开封、北京、南京、杭州，中原占其二。"七大古都"是"六大古都"加上位于中原的安阳。近年，郑州又被学术界列为中国"八大古都"之一，使得中原大首都的数量占去全国的一半。

从五帝（约前30世纪初—约前21世纪初）到三代[3]又到唐宋，先后有二十个朝代建都或迁都于中原。

◇ **诸子争鸣** ◇

在中国历史上一个相当长的时期内，中原地区都扮演着中华民族政治、经济、文化中心的角色。这为中原文化的发展创造了得天独厚的条件。

---

3 指中国历史上的夏（约前2070—前1600）、商（约前1600—前1046）、周（前1046—前256）三个朝代。

史前文明 当史前的黄河先民第一次用加工过的木棒掘开黄土播下希望的种子时,用制成的第一张弓将第一支箭射向猎物,也射向对明天的憧憬时,他们用自己艰辛而漫长的劳作创造了历史和文化。仰韶地区文化的积累,就是中原人在战胜自我与大自然的过程中"开拓"出来的精神与物质财富。

人才之冠 进入文明社会后,世世代代的中原人仍在这块黄土地上不断创造着辉煌的文明。据统计,当今河南省境内地下文物数量全国第一,地上文物数量全国第二,文物总量居全国之冠。中原历史上人才辈出。二十五史中立传的河南籍名人3 700余人,数量为各省之冠。中国历史上自汉至明5 783个历史人物中河南籍者922人。思想家有老庄二程[4];文学家有杜甫、韩愈、白居易;科学家有张衡、朱载堉、郭守敬;政治家有商鞅、李斯、贾谊等。至宋代,中原名人一直居全国之首。

思想之源 中原人拥有古代先进的思想,变幻无穷的《周易》是中国古代哲学的重要源头;中原地区是春秋战国时期诸子学术荟萃、"百家争鸣"的地方。诸子之学主要的儒、墨、道、法、名、阴阳六家,有五家源于河南;中原也是传统"天人一体"原始信仰的滋生地;中原是中原官话的发源地,在汉唐时代,中原官话是全国流行的普通话;中原是中国"礼仪之邦"的制礼初始。在中原文化政治中心和经典哲学影响下,中原开学校教育之先,科学技术交映生辉,中州礼俗

---

4 指老子(约前571—前471),庄子(约前369—前286),程颢(1032—1085),程颐(1033—1107)。

多王家之风，文字功夫见洛阳纸贵，丹青而浑然天成，园林为鬼斧神工，书法则神韵超逸……

中原地区的政治、经济、文化优势无与伦比，这种优势远迈于黄河、长江流域其他各区之上，奠定了中国历史上两千年间以中原为中心的文化格局。

◇ **汉仪胡服** ◇

中国历代统治者大都以中原为基地大力发展中原文化，并采取各种措施在中原吸纳融合各地域文化，向其他地区推广。而且立足中原的每一代王朝极重视中原文化的正统地位，欲立足中原的周边少数民族更为崇仰中原文化。

中华之源 中原文化在与周边或域外文化的不断交流中，互相影响、彼此融合，并吸收、消化他者文化。新石器时代[5]的中原彩陶文化、夏商周时代（约前2070—前256）繁盛的青铜文化都对周边文化产生了深远的影响。春秋战国时期（前770—前221），在各大诸侯国争霸兼并战争中，中原既是兼并战争的中心地区，又是华夏民族融合的中心区域。战争加速了各国人口流动和重组，于是形成了中国历史上第一次民族大融合，以中原文化为主体的华夏文化得到了广泛传播。"中华"二字成为整个中国的代名词。

5　开始于约10000年前，结束于距今5000多年至2000多年。

兼收并蓄 魏晋南北朝时期（220—589），中原长期分裂，社会动荡不安。东晋南迁后，北方的匈奴、鲜卑、羯、氐、羌等少数民族政权先后进入中原。这些原本文化比较落后的少数民族不仅没有毁弃中原文化，反而纷纷放弃原来的文化习惯，皈依中原文化，进行移风易俗式的主动汉化改革。魏晋南北朝时期的许多少数民族的上层人物，都是中原汉文化的追慕者。如匈奴族的刘渊、刘聪，羯族的石勒，氐族的苻坚，羌族的姚襄、姚苌，鲜卑族的拓跋氏等，无一不熟读汉籍，精通汉学。尤其是北魏孝文帝（467—499），进行了一系列汉化改革，有力地推动了中原文化与鲜卑族文化的融合，使中原汉文化得到了广泛传播，提升了它的地位和影响力。正是出于文化本身的进步与强大，在外族入侵中原时，中原文化也不曾断绝。此后，女真人、蒙古人和满族人也先后入主中原，有的还对中原地区实行民族歧视和民族压迫政策，但最终都接受了中原文化。

宋代以与辽（916—1125）、金（1115—1234）、元（1271—1368）的交流为主。在宋、辽、金、元对峙时期，不少西北部和北部的少数民族，徙居陕西、山西、河北和河南黄河两岸地区，带来了他们的文化。古代中原汉族有先进的农耕技术，但在畜牧、兽医和制革等方面不如北方草原地区生活的少数民族。北方少数民族的生产、生活技术，民族乐器、音乐、舞蹈等文化，逐渐融入中原文化之中。

对外交流 中原文化不仅融会国内各家各派和各民族文化精髓，而且也接受外来文化的渗透。

商代（约前1600—前1046）后期中原地区驯马和马车的出现，很有可能直接源于中亚、乌克兰地区。俄罗斯联邦西伯利亚地区卡拉苏克文化的空銎斧、弯形刀等青铜器在商都殷地也有发现。春秋战国时期，欧亚草原动物纹传入，并与中原青铜文化相融合，在中国北方逐渐形成了富有浓郁草原文化风格，同时又独具特色的动物纹艺术。汉代张骞[6]出使西域以后，中亚、西亚、欧洲的音乐、舞蹈、绘画、雕塑等艺术，历算、天文、医药等科学知识相继传入中原。中亚、西亚地区的特产如毛毡、香料、汗血马以及石榴、葡萄、胡椒等植物也相继传入中原。中原吸收了西域繁殖和饲养牲畜的方法、种植瓜果蔬菜和豆类的栽培技术，促进了中原科技及中原文化的发展。东汉晚期，西域文化传播达到高峰。

中原文化对外交流与融合的最活跃的阶段是唐宋时期。唐代中原文化对外吸收的重要对象是以佛教文化为主的域外宗教文化。僧人玄奘求经的经历，早已演绎成《西游记》中的传说。唐代中原文化还吸纳了边疆少数民族和国外的生产技术和艺术成果。洛阳龙门石窟生动地表现了中原文化对域外佛教、雕塑、绘画的吸纳。据新、旧《唐书》所记，唐代中原乐舞的类别相当一部分来自周边少数民族，甚至域外。古代中原文化长期保持先进地位的原因就在于融会贯通。此外，日本的折扇在北宋时期传入中原，明朝以后流行开来。原产于非洲的西瓜，南宋时被从西域引进中原。

6 　张骞(前164—前114),西汉外交家、旅行家、探险家,丝绸之路的开拓者。

辐射四周　中国的先进文化也在不断向外输出，并对世界文化的发展产生了一定程度的影响。

秦汉时期中原文化直接南向传播到越南，并影响了柬埔寨、缅甸等地。汉代张骞、班超（32—102）出使西域，甘英出使大秦[7]，加强了中西文化交流和贸易往来，中原地区的先进技术不断地传入西域。汉朝以后，随着以洛阳为起点之一的丝绸之路的开通，通过与西亚、欧洲的贸易，沟通了中原与亚欧文化交流的通道，使中原的养蚕、缫丝、纺织、造纸、印刷、火药、制瓷等工艺技术，绘画等艺术，儒家、道家等思想，传入西方社会。唐宋时期中原的雕版印刷术、建筑技术，宋代二程的哲学（理学）思想等，直接传播至日本、朝鲜、韩国和东南亚各地。

◇ 书法故乡 ◇

中原是书法艺术的故乡和发祥地。从早年的刻画符号，到作为文字和书法体系已成熟的甲骨文，从篆、隶、草、行、楷五体书，到历代多种流派多种风格的形成，数千年的中国书法史，很大部分是在中原地区发生并完成的。

小篆之祖　秦统一天下后，河南上蔡人李斯创制小篆，主持了统一文

7　指罗马帝国。

字的工作。李斯随秦始皇（前259—前210）巡游天下，以小篆书石，在峄山、泰山、琅琊台、会稽等地为秦始皇刻铭，歌功颂德，存有《泰山刻石》《琅琊台刻石》等作品。作为小篆之集大成者，李斯被后世称为"小篆之祖"。

蔡邕隶变 两汉时期，书法完成了篆、隶、草、行、楷五体书的伟大创造工程。五体书的出现，全面奠定了此后中国书法两千年的格局。在这一变革中，作为文化中心的中原地区起到了至关重要的核心作用。洛阳作为东汉之都，是东汉的政治、经济、文化中心，同时也是书法艺术的中心，当时的主要书法家都长年生活于此，数种书体的创造也基本在这里完成。

东汉时期，蔡邕（yōng）等用隶书在四十六块碑上写了《周易》《尚书》《鲁诗》等经典，刻成《熹平石经》，实现了经学的统一。汉隶一碑一格，几乎囊括了中国文艺理论所有的审美风格和艺术精神，它们为此后各体书法艺术上的探索提供了丰富的审美范畴。隶变的完成，使中国文字彻底脱离了象形，中国书法开始全面向一个更为抽象而内蕴更加丰富的高度发展。

楷书之祖 颍川长社（今河南长葛市）人钟繇（yáo）是由隶入楷的关键人物，他被称作"楷书之祖"。钟繇的楷书用笔仍保留着隶书笔意。后世楷书，包括传为王羲之的《曹娥碑》，均是建立在钟书基础之上的。

魏碑楷书 北魏（386—534）迁都洛阳前百余年间，完成了大量的碑刻、墓志、造像等，其中最著名的是文成帝太安二年(456)立于河南登封嵩山的《中岳嵩高灵庙碑》。正文580余字，为稍有隶意的典型魏体楷书，堪称魏碑第一品。北魏孝文帝迁都洛阳之后所形成的魏碑体是早期中原书风的典型代表。它们与后世的唐楷被视为中国书法史上楷书的两座高峰。

草书碑帖 中原书法，魏晋后经隋（581—618）的过渡，五体书已完善，唐之后的一千余年间，基本处于以行草书为主的帖学潮流之中。唐、宋、元、明至清前期虽有差别，所谓唐尚法、宋尚意、元明尚态，但仅是在风格上的不同，并未脱离帖学的体系。到了清中晚期，碑学复兴，才打破了千余年的稳定体系，形成了一个大的碑学复兴运动。但即使如此，帖学也未完全衰败。作为暗流的帖学一直与碑学并行发展，到清末至民国（1912—1949）初，就有人提出碑帖结合的创作道路，一直影响至今。

◇ 三教融合 ◇

中原地区是道家学说的发源地、儒家学说主要的传播地，佛教传入内地后首先在中原发扬光大。三教融合发展，在中原汇成理学，成为中国封建社会后期的统治思想。

三教共生 夏、商、周三代是中原文化重要的奠基时期。诸子思想就是在三代文明基础上形成的。春秋战国学术文化经过争鸣与反思，在秦汉大一统的格局下逐渐被凝固化和法典化。秦汉时期是中国封建文化形成时期，也是中原文化奠定其在传统文化中核心地位的重要时期。秦王朝是以中原法家理论发起和构建起来的专制帝国。汉王朝是因袭秦代的政治体制建立起来的封建王朝，把儒家思想作为自己的治国依据，儒家学说隆升为王朝的圣典。

两汉时代是中原文化及中国传统文化定型的重要时期，中国传统文化的主干部分都在这一时期成型并稳定下来：经学独尊，佛学传入，道教文化基本形成。两汉以后的中国文化不过是以上三种文化元素的不断整合和传布的结果。东汉时期，经学繁荣，洛阳是经学传播的中心。儒术来自齐鲁，它借重于中原政治力量在中原大地上生根并不断发展，最终成了中原文化最主要的内容，也成了中国传统文化的核心。以道、法为文化底蕴的中原文化从此接纳、融会了儒学并把儒学作为自己的主体内容，逐渐向政治儒学演化。汉代将儒学政治化经学化后，儒家成为中原文化中最有影响力的思想形态。据统计，东汉时期河南在士人、五经博士[8]、私人教授、书籍的数量上都居全国第一。

少林文化 中原文化儒、佛、道共存共生，成为一体的典型代表是嵩岳文化。而嵩岳文化中最著名的数少林文化。

北魏太和十九年 (495)，孝文帝为安顿印度高僧跋陀落迹传教，在嵩

8　学官名，传授儒家经学的学官。

山腹地少室山下的茂密丛林中敕建少林寺，传播小乘佛教。后来南天竺高僧菩提达摩来到嵩山少林寺，传授禅宗心法，被佛教界尊奉为中国禅宗的初祖，少林寺则被奉为中国佛教的禅宗祖庭。

少林寺是少林武术的发源地。唐初因十三和尚救秦王[9]有功，得唐太宗封赏而具盛名。至宋代，少林武术已自成体系，风格独绝，成为中国武术派别中的佼佼者，史称"少林派"。元明时期，少林寺已拥有僧众二千余人，成为驰名中外的大佛寺。

在少林寺，佛与儒、道合为一体。少林寺千佛殿的西侧是地藏殿，殿内南北两面供十大阎罗王神位，是道教的；后壁绘制二十四孝画图则又是儒家的，并承认释迦、孔子、老子都是"至圣"，钟楼前的开元碑，图面是释迦、孔子、老子三圣合体像。一些禅宗大师既通佛理，又懂儒学。明、清以后，道教便吸收更多的儒家思想，少室山的安阳宫主殿洞是三皇洞，内祀释迦牟尼、孔子、老子。

◇ 文化迁移 ◇

从汉末开始，中原政治动荡，战乱频繁，人民流离失所，与此同时南方较为稳定，经济发展迅速，中国经济重心开始出现南移趋势。

9　指唐太宗李世民(598—649)，当时的身份为秦王。

走向停滞 南宋偏安[10]以后,经济政治中心的南移,加之战乱及自然灾害的影响,中原文化完全丧失了原来的文化中心地位,也失去了往日的创造力和融会力。由于元代统治者实行民族歧视政策,加之不少蒙古贵族在中原地区实行废耕田为牧场的政策,中原文化的经济基础遭到极大破坏,明清时期政治经济中心已经完全转移到江浙和京津一带,中原地区在远离政治经济核心区域后,逐渐成为一个环境闭塞的地区,中原文化也随之衰落和僵化,逐渐暗淡下来。加之农耕经济的惰性对文化发展的影响,自南宋以后,中原文化的发展基本呈现停滞状态,这种停滞状态直到鸦片战争后也没有大的改变。

北宋复兴 北宋前期,因长江文化断层,中原文化出现复兴,文化中心和重心都重新结聚北方。北宋后期,由于长江文化的复兴,中国的文化重心转向南方,而文化中心却伴随着政治中心仍结聚于当时的"两京"——东京[11]开封府和西京[12]河南府(今洛阳市)。北宋画家张择端(1085—1145)的《清明上河图》,描绘了中国12世纪北宋清明时节汴京(今开封市)的繁荣景象,是汴京当年繁华的见证,也是北宋城市经济情况的写照。

落根江南 这种繁华局面因北宋"靖康之难"[13]而彻底打破,北方人民

---

10 指靖康之变后,宋朝王室偏居江南。

11 指宋代首都汴梁。

12 指现在的西安。

13 指1127年,金朝南下攻占北宋首都,掳走宋徽宗、宋钦宗二帝,导致北宋灭亡。

不愿接受女真贵族的压迫奴役，大批中原军民南下苏、浙、闽、粤、赣[14]等地，致使南方人口大量增加，从而形成中原文化南下的第三次高峰。南宋都城杭州的饮食、艺术、节令习俗等大都是从开封南传过去的。此外，南迁之人还带去许多生产工具和生产技术，推动了南方社会经济的发展，使得中国的经济中心逐渐移向南方。而中原地区经济与政治的优势俱失，从此辉煌不再。传统中原文化随经济政治中心的南迁而衰落，但同时却促进了南方文化的更新和发展，南迁的中原人和中原文化在江浙[15]落地生根。

直至今天，中原文化仍然在复兴之路上跋涉，中原大地也正在时代冲击下演绎着前所未有的巨变。

14　指江苏省、浙江省、福建省、广东省、江西省。
15　指代江苏省、浙江省一带，属江南区域。

第五章

巴蜀文化

◇ Chapter 5 ◇
Taste of Sichuan

中国人好吃、懂吃、爱吃。不仅仅是为果腹而吃,而是"吃文化""吃品位""吃友情""吃尊严""治大国若烹小鲜"(《道德经》)……中国人把与吃相关的一切人与事、生与死、家与国,都凝练成了代代相传的中国饮食文化。"食在中国",而"味在四川"。因地制宜,五味调和的四川味道,征服了中国人的胃,也征服了世界之胃。

◇ 这道辣味 ◇

说到川菜，人们首先想到的就是辣：麻辣、酸辣、香辣、糊辣、红油、鱼香、怪味，有声有色，声色各异。网上有数据表明，"辣"在中国餐饮业中已稳占统治地位，辣味俨然已成百味之首。

天府之国 高度发达的农业，是四川美食发祥的基础。

四川，以四川盆地为中心，高山环绕四周，在古代几乎无路可通外界。但是，这是指陆路。蜀地以更柔和的方式在与外界保持着联系。其东边虽然有巫山阻隔，但有长江蜿蜒其间；其南接云贵高原，却有乌江、赤水河、金沙江、安宁河相通；其西面纵有峨眉山、横断山脉，但也有岷江和青衣江河谷；其北面是米仓山脉、大巴山脉形成的天然屏障，但亦有嘉陵江这一水上航道。

原本封闭的巴蜀大地，就这样，因着大江大河湍急的水流而活跃了起来，土地在它们的浇灌下也肥沃起来。秦时，李冰父子[1]就借助四川盆地、成都平原的地理优势，设计建造了都江堰，引水自流灌溉，成就了四川"天府之国"的美誉。至汉代，巴蜀之地已成为当时全国经济最发达的地区之一。

辣由此出 四川盆地属于中亚热带和北亚热带气候，西北高原地区则

1　指李冰和儿子李二郎，李冰（约前302—前235），战国时代著名的水利工程专家。

是亚寒带高寒气候；川东南缘的合江、长江两岸海拔在 250 米左右，而西部的四川第一高峰贡嘎山海拔为 7556 米。地势起伏之悬殊除造就了奇特的植被层级现象外，还养育着不同的动物；温凉不一的水源，滋养着品种丰富的鱼类……

世世代代生活在这里的四川人，从先辈那里继承了就地获得食材的经验。他们知道在什么季节可以到山里采到最好的菌子，什么时候的笋子最美味，怎样才能在湍急的河水中捕获螺蛳……

丰富多样的地形和气候在提供丰富食材的同时，也决定了人们的饮食习惯。四川地区云雾多、雨水多、日照少，终年潮湿，这里的人很容易患风湿类的疾病。巴蜀人从大自然中寻找能除湿、祛风的原料，发现服食茱萸、辣椒等辛辣植物可助驱寒祛湿、养脾健胃。辣，于是成为四川人生命中最不可缺的东西。

◇ 川菜三宜 ◇

四川的青城山是道教的发源地之一，道家崇尚"天人相应"、道法自然、饮食养生。这与同处一地的四川人食法自然的认识是一致的。

"靠山吃山，靠水吃水"，川菜一出，饮食成了学问。成功之道，概而言之，有三：因时制宜、因材制宜、因地制宜。

因时制宜 简单地说，就是根据不同季节和不同时令，甚至根据同一天的不同时间段，选择、搭配适宜的食材和饮食品类。

四川人深得此道。

四川四季特征明显：冬天多雾，夏天炎热，春天干旱，秋天多雨、多云、少晴。四川人依季择食，形成了独特的季节性饮食习俗，其中最有代表性的是冬季羊肉汤、夏季冷啖杯。

四川人平时很少吃羊肉。但是，当阴冷、潮湿的冬季到来时，四川街头的餐馆，都纷纷"挂羊头，卖羊肉"，餐馆里人来人往，络绎不绝。羊肉味甘、性温，能"补益虚寒""壮阳益肾""壮胃健脾"。冬季食羊肉，不仅可以清除体表的寒气，也中和了侵入体内的阴冷，杜绝了疾病的产生。四川人的冬天，在羊肉汤的氤氲中过得滋润。

巴蜀大地的夏天，闷热而潮湿。何以解暑，就成了困扰四川人的一个大问题。懂得饮食养生之道的四川人，发明了冷啖杯。冷啖杯，顾名思义，冷就是凉的，啖就是食，是四川特有的一种餐饮形式，大约源于20世纪90年代初期的成都，现在已遍布四川。

闷热的夏晚，人们在院坝里或街沿上摆张小方桌，端上煮花生、毛豆角、豆腐干、卤猪蹄，就着老白干或自泡的"跟斗酒"，边乘凉边"打尖"，还天南地北地摆"龙门阵"；卖雪茄的、卖绿豆汁的、卖煎饼的、卖花的、卖切块水果的小贩穿梭其中、各自吆喝着生意，其乐融融。现在，冷啖杯日益商业化，菜品、酒水越来越丰富，鲜香麻辣小龙虾、肥美嫩滑卤鹅翅、回味悠长炭烤鱼、椒舌共舞麻泥鳅、老实厚道煎蛋面、清爽痛快鲜扎啤……应有尽有。

因材制宜 中国传统养生学认为，食物原料的选择要搭配合理，相得相宜。否则，轻则无益于健康，重则会有致命的危险。四川人深得其中奥妙。

四川人嗜辣，但多食辣则易上火。所以食辣时就必须选择一些与辣椒有相反关系的食材，以抵消辣椒的"火气"。比如现在流行的四川火锅，火锅店里都会为食客常备很多清凉、解毒、去火的食材，吃的如黄瓜、菠菜、莲藕、白菜、豆腐、豆芽等；喝的如西瓜汁、凉茶、酸奶等。这是四川火锅的一次"因材"转型，即从传统的"一锅天下"，变成现今的"三足鼎立"。所谓三足，就是火辣的"火锅汤汁"之外，再配以性寒凉的蔬菜和性寒凉的酒水，这使得火锅更符合健康之道。四川火锅风靡全国，与此也不无关系。

与火锅一样，川菜的搭配也充分考虑不同食材之间的相互关系。川菜的菜谱上，辣子鸡、麻辣鸡块、烧鲢鱼、夫妻肺片等这些麻辣味十足的"硬"川菜，一般会配以茄子、萝卜、莲藕、白菜、冬瓜、丝瓜、黄瓜、南瓜等性凉的"软"菜。

"因材制宜"的饮食之道已经成为川菜的精髓，也已成为四川人生命中的一个常识。

因地制宜　面对"巴山夜雨""凄凉地",四川人除了选择辣椒、花椒等辛辣食物以散寒、除湿、祛风、预防疾病之外,更是因地择材,以五谷[2]为养,以五果[3]为助,以五畜[4]为益,以五菜[5]为充。

四川人可以选择的食材实在是太多了。五月,中国很多地方尚在暮春时节,四川已经进入初夏。这是适合吃鸭子的季节。四川河流纵横,是饲养鸭子的天然道场。初夏的鸭子,经历了几个月的悠闲觅食之后,肥美多脂,最是美味。鸭肉属凉性,可以改善人体燥气。所以,四川各地都有自己独特的"鸭子招牌菜",比较出名的有德阳什邡板鸭、乐山甜皮鸭、达州开江板鸭、内江隆昌麻鸭等。在中国,论食鸭,除了北京烤鸭,南京咸水鸭,四川鸭大概位列第三。

鸭肉是四川人的常备肉食,竹笋则是四川人的常备素食。在巴蜀人的食谱上,竹笋扮演的角色并不亚于辣椒。竹笋不仅有很高的营养价值,还助消化、利九窍、通血脉、化痰涎、增强机体免疫力。四川多山,适合竹笋生长。四川人一年四季都能吃到竹笋,但最美味、质量最高的当属冬笋,春笋次之。其中峨边竹笋、峨眉山苦笋、凉山彝族自治州罗汉笋、雅安天全笋干都是四川有名的特产。

2　指稻、黍(shǔ,黄米)、稷(jì,有白、红、黄、黑、橙、紫多色的小米)、麦、菽(shū,豆类)。
3　指枣、李子、杏子、粟子、桃子。
4　指牛、狗、羊、猪、鸡。
5　指韭、薤(xiè)、葵、葱、藿。

巴蜀人借由天地恩赐的丰富物产，形成了自己独具一格的饮食文化。但因为四川盆地之内地形、气候多样，所以虽同处一盆地，各地的饮食却也有细微的差异。就以辣椒、花椒的用法来说，川东地区毗邻重庆，云雾更多，湿度更大，因此使用辣椒、花椒更多，味道更重；以成都为代表的川西地区，云雾相对少一些，湿度略小，花椒、辣椒的用量也就更少一些，味道较柔和。

◇ 五味调和 ◇

川外人对川菜的理解总是没有巴蜀人来得透彻、纯粹。单单一个"辣"字，怎能概括得了川菜的五味调和之道！其实，辣味在川菜里所占的比例仅有百分之二十到三十。

清淡菜式 实际上，川菜中的清淡菜式也很普遍，且受欢迎，如"开水白菜"，听菜名似乎不会让人有胃口，然而经川菜师傅精心烹制，不但菜型清鲜明快，而且散发出淡雅的香味，尝上一口，柔嫩、细滑，让人难以停筷。这么简单的一道菜，却做到了五味调和、出神入化的境界，堪称一道有"神韵"的清淡菜。

清淡的川菜是以食材的本味为基础，通过适度调制，充分释放食材自身质朴、自然的味道，达到"无味胜有味"的境界，比辣味菜更见功夫。川菜师傅们细致入微，调料的使用比例、下料次序、调料时间（烹前调、烹中调、烹后调），都讲究恰到好处。就以最常见的用盐来说，川菜酒席的头几道菜，用盐量都与平常无异，但随后的菜的用盐量就会逐渐减少。最后上桌的汤，一般则不放盐。这其中的度，厨师把握得恰到好处，而吃饭的人却不知道其中的细微变化，只是觉得口感很好。川菜正是因为讲究五味调和之有"度"，才造就了川菜"百馔百味，一菜一格"的美誉，创造出了不同层次皆为人称道的味型。

包容创新 "五味调和"是一种味觉的艺术。追求"五味调和"的川菜因此表现出无限的包容性和创新性。正宗川味，实际上正是广泛汲取南北地方名菜之精华，融汇于川味，又以四川人最喜嗜的味道做出来，从而成就川菜之名。如成都现在流行的木芋（魔芋）豆腐，又称黑豆腐，起源于西汉时期西南夷特产的蒟蒻（jǔ ruò）酱，后来西南夷诸国被灭，这种食品却经种种演变，遗留至今。这种豆腐一经峨嵋山僧置于冰雪中发泡坚实，又得名雪豆腐。将之与鸡鸭红烧，或置于高汤内烩制，比木芋豆腐更有风味。

近现代以来，随着中外交流的增多，川菜也吸纳国外菜式而融会贯通，形成了一些新川菜，如鸡鸭清汤煨笋、番茄酱烧海参、咖喱炒虾仁等。这些川式西菜，在四川不但常见，而且味道已远超本菜。

◇ 川菜川人 ◇

吃川菜，犹如进行一场战争，有时捷如闪电，开场锣未停，锅底一片红；有时慢如微风，热凉齐掂量，冲调求得中。四川人的性格也如川

菜，有时泼辣直爽，像冲出峡口的山洪，带着一股激烈的冲劲；有时沉静似水，像一块湿木"疙兜"（树根），即使受了压迫欺负，也可以隐忍着，直到再也不能忍，积聚的力量就会点燃湿木"疙兜"，燃起熊熊烈火。

川菜兼收并蓄，调和五味，新旧兼容，推陈出新，且又独具特色。四川人的构成也是五湖四海，性格则是兼具表里。

有人说，四川人骨子里自足又自满，溺于逸乐，懒散不求上进。但中国人自古就有"穷则变，变则通，通则达"的意识，越是闭塞，就越想开通，就越想打开眼界。

自清以来，四川已逐渐成了一个典型的移民地区。成都曾流行一首竹枝词："大姨嫁陕二姨苏，大嫂江西二嫂湖。戚友初逢问原籍，现无十世老成都。"是说一家中的女人，或嫁于陕西人，或嫁于江苏人，而娶来的媳妇或是江西人，抑或是湖广人，一家成就五湖四海。

来自全国各地的人们汇聚到巴蜀之地的"大碗"中，各地风俗在这里相互渗透、融合，仿若鼎中之变，不仅使川地的饮食更加博杂，而且形成了四川人独具个性的开放精神。

川人自古就具开放意识。古蜀人曾以成都为起点，开辟出了一条中外交流的通道——"南方丝绸之路"。蜀人的马帮商队驮着丝绸、茶叶，穿过川西南平原，来到四川雅安，再经由崎岖的山间小道，经西昌，渡过金沙江，到云南大理，再到腾冲，与印度商人、东南亚商人交易。巴蜀人不惧险山恶水，以巨大的勇气和开创精神，促进了中国内地和东南亚、南亚的经济交流、文化交流。

◇ 文人川菜 ◇

川菜能成为中国著名菜系之一，也少不了四川的文人墨客的功劳。

苏轼的养生之道 苏轼是四川大文豪，也是大美食家。他常常亲自下厨，用平常的食材和简便的方法，烹制出鲜美可口、风味独特的菜肴。他自诩为"老饕"，并将烹饪之术与享受食物精华之道，以及文人雅士人生偷闲及时行乐的疏狂之气，如歌如舞地表现于《老饕赋》之中。

苏轼的贡献还在于其饮食理论。他撰写的《养生说》《问养生》《养老篇》等，都以通俗易懂的方式，介绍如何以饮食养生。其养生之道，涉及饮食起居各个方面，对饭、肉、汤、酒都有具体要求，是中国饮食文化的宝贵遗产。

陆游的蜀食蜀酒 陆游，虽不是四川人，但在蜀地为官八年，早已不辞长作巴蜀人了。其诗集《剑南诗稿》的2500余首诗中，称赞四川饮食的竟有50余首。蜀中饮食好，留连不忍去。陆游晚年回到家乡后，仍时时不忘蜀中的美食，尤其在冬夜，梦中醒来，都是川菜的余味，因此作诗解馋。

蜀食虽好，蜀地却小，难展鸿鹄之志。胸怀家国的陆游，失意之志，郁积于胸，每每借酒浇愁，赋诗排遣，于是川菜之外，他又遍尝蜀地美酒，鹅黄酒、琥珀酒、玻璃酒……酒酒成诗。他赞美碧琳腴酒，但最难忘郫筒酒，宁可为之典当衣服。

大风堂酒席 四川人中，厨画双绝者，是张大千。他做菜，就如作画。他的大风堂，既是书房、画室，也是招待客人嗟谈艺事，兼做宴客的餐室。因此，张大千宴客的酒席，后人也称为大风堂酒席。

大风堂酒席的菜品不多，但款款制作精良，重味不重色，重质不重量。而且菜品之间优化组合，酒席整体设计精妙别致，既能饱人眼福，又能诱发食欲。大风堂酒席上，往来无白丁。宾主间谈书论艺，谈笑风生。有幸品鉴大千酒席的人，不仅要讲究吃的艺术，更要讲究艺术的吃。张大千亲笔书写的菜单，不仅书写工整，还题款，盖印；菜单上不仅有菜名，还详细注明选料、用量、烹制方法、口味，以及上桌的程序等。张学良[6]藏有许多大千席单，后来还将其装订成册，并在前面留下空白请张大千书题留念。

张大千的烹饪技艺，也是一绝。他做的菜和他的画一样，取各家所长，成一家之宴。大风堂酒席的代表作，有人说是16道菜：干贝鸭掌、红油豚蹄、菜薹腊肉、蚝油肚条、干烧鲤翅、六一丝、葱烧乌参、绍酒焖笋、干烧明虾、清蒸脆崧、粉蒸牛肉、鱼羹烩面、五瓜肉片、煮元宵、豆泥蒸饺、西瓜盅。其中既有山珍海味，也有乡土食品；既有时令佳蔬，也不乏面点小吃；既照顾客人的口味，又有自己

6　张学良(1901—2001)，中国近代爱国将领。

的特点，是典型的以川味为基础融合其他风味的大千风味。张大千晚年曾在台北寓所亲自烧了这16道菜，宴请张学良、台静农[7]等人。

◇ 饮食修仪 ◇

中国人的很多饮食习惯也久俗成礼。中国文明开化较早，烹调技术发达，故中国人的饮食以热食、熟食为主。因此，中国人自古都讲究现做现吃，趁热吃。中国人招待客人，若不备热食，就算失礼。

川人宴客 四川人有一套特有的宴客规矩。座次安排上，礼让尊长上座；上菜时碗、盘不能从客人头上端过，也不能高于客人的肩头；摆菜时全鸡、全鸭、全鱼等整形菜，其头、尾不宜正对上方。进餐时，一般由主人先说"请酒"，大家才开始喝酒；然后，主人拿起筷子说"请菜"，并先拈一道较好的菜，大家也跟着拈这道菜；然后主人说"随便请"，客人们便可随意拈菜了。席间，主人可不时给客人拈菜，称为"奉菜"，客人对主人拈的菜都应吃下，以示尊重。另外，客人吃饭时不要倒菜汤，倒了汤，菜就没味，而且好像表示主人的菜不够吃，主人也会不高兴。客人吃饱后，可用右手拿筷按在碗上，对还在吃的人招呼"慢请"，表示不再添饭，并要等全桌人吃完后再一同离开。若有事先走，应向同桌致歉，并向主人说明原委，再向主人辞谢。

7　台静农(1903—1990)，作家、文学评论家、书法家。

四川婚宴 四川人的婚宴上，礼节更复杂。主人要给接亲或送亲的客人敬酒菜，敬酒者先说："酒海浪滔滔，杜康万万年，两家结亲情谊深，一杯薄酒敬贵客，敬一杯、敬一杯。"客人们都要站起来，并回答说："杜康糟酒万万年，诸事有它才成全，主家的海深，愚下的量浅，请转敬、请转敬。"敬完酒后，菜也上齐了，主人然后给客人敬菜。这时会又端来三碗菜，菜上插着红双喜。知客师上前说："厨官老师要我来敬菜，香料不全要见谅，盐味不到要海涵，酸甜苦辣不入味，手艺不好莫见笑，请请请。"这时客人们又要站起来，其中长者回答说："承蒙知客老师转告厨官师，磨刀碎切，熬更受夜，油脚油手，转敬。"边说边要给些钱作为"封封"，并同三碗菜一起送回厨房，转交给厨师们。

藏民待客 四川藏民的待客习俗也很严谨。在藏民的锅庄上，上方坐老人，左边坐客人，右边坐其他家人，女人坐下方，次序不能乱。坐在锅庄上，男人打盘脚，女人单脚或双膝跪地，吃饭时都用茶盘。饭菜端上来后，上方的老人先把少量的各种饭菜放到锅庄上方一塔形的小窝里，这是先给祖先敬食，然后大家才能动手吃饭。在掺茶添饭时，女人们右手执壶或拿勺，左手平伸、掌心向上，绝不能向右反手，否则是极不礼貌的。吃饭的时候，无论是喝茶还是吃饭菜，女人都不能发出声响，否则就是对客人不尊重，会惹人笑话。

四川饮食作为中华饮食的一部分，大部分的饮食礼仪都是与全国通行的。从折束相邀、迎客、安席、入座、敬酒、上菜、吃相等，一举手一投足都有明确的要求。

第六章

徽州文化

清

◦ Chapter 6 ◦
Tea Culture of Anhui

中国是茶的原产地,也是世界上饮茶和种茶习俗的源头。中国茶品种繁多,茶类丰富,产茶之地也遍布全国。而位于中国东部的安徽,因其独特的地理环境,自古以来就不乏好茶名茶。中国十大名茶中,安徽茶就占了三成:黄山毛峰、祁门红茶和六安瓜片。

安徽山好,水好,茶更好。

徽州村落

安徽，简称皖，面积为 14 万平方公里。安徽水多，境内流淌着大大小小五百多种水域。八百里的长江，七大江河[1]之一的淮河，四季澄碧、清澈见底的新安江，烟波浩渺、风姿绰约的太平湖，滋润出"鱼米之乡"的巢湖；安徽山多，黄山、九华山、天柱山……水丰盈了山，山容纳着水流的飘逸与灵动。

以长江为界，安徽分皖南、皖北。皖北指长江以北。今天的皖北是古凤阳地区，是明太祖朱元璋的出生之地，布局宏伟、气象巍峨的明中都皇城和明皇陵也坐落于此。皖南，是安徽省重要的经济、文化和旅游中心，以山水美景和历史文化遗产出名。而江淮之间，学风文风盛行，自古才子佳人辈出。

徽州 皖南包含很多地区与城市，可是从古至今，只有徽州才能担当起皖南的代名词。徽州，是一个地理概念，也是一个历史、文化、思想概念，徽州文化内容广博深邃，全息包容了中国封建社会后期民间经济、社会、生活与文化的基本内容，被誉为中国封建社会后期的典型标本。

古村落 徽州古村落众多，现在已成为中国封建社会的活见证，宏伟的建筑默默地诉说着徽州远古的富饶与繁华，矗立的牌坊群代表着

---

1 指长江、黄河、淮河、海河、珠江、辽河、松花江。

徽州人的精神家园，而其中的西递、宏村，已被列入世界文化遗产名录。

徽州的古村落，大多依山傍水。其建造无不考虑到自然环境的因素，布局选址极有讲究。民宅、祠堂、牌坊等设计注重"就形而居，就地而型"，绝不开山炸石，而是自上而下掘洞取石，尽量保持山体和植被完整。在徽州，官方和民间都有大量禁止开山、打渔的石碑。

徽州村落一般不设村围墙，不把防御性放在首位，一如徽州人不排他、尚包容、重吸纳；徽州民宅一般都建有封火墙，一为防隔墙失火，二为防自身有失殃及邻居。徽州的庭院、园林、天井也都努力师法自然，利用自然。在尊重自然，与邻为善方面，徽派建筑堪为典范。

宗族礼制 与中国其他地方相同，古徽州村落中的人际关系也是以宗族组织为基础，以礼制为前提。北方大族南迁徽州后，择地建村，聚族而居，而且宗族制度十分严密。宗族邻里之间，村落以"礼"相处，待人接物讲究与人为善，和睦共处，发生矛盾遵循"礼法兼治""礼为先""法为度"，不喜好勇斗狠，因此徽州乡邻间很少发生矛盾，即使产生纠纷，徽州人也很少采取群殴械斗的方式，通常都是以调解、协商、契约、仲裁、诉讼等理性方式解决。诸如分家、买卖、典当、租赁等日常事务，均由当事人及中人协议立契约为凭据，而且可以世代相传。

徽派建筑:粉墙黛瓦马头墙

◇ 有好茶喝 ◇

在徽州，茶园漫山遍野，随处可见。谷雨前后，身背竹篓的茶姑双手似翩翩彩蝶，穿梭在茶林中，采茶……

安徽何时开始产茶，无正史可考。据推测，大约始于2世纪。那时，饮茶风气和茶叶种植，已沿着长江从西南高原传到安徽。

六安茶 皖北，有一座山，名叫大别山，是长江、淮河的分水岭，横跨湖北、河南和安徽三省。在大别山的腹地，淮河一级支流淠河上游是六安市的霍山县，也是中国名茶之一的霍山黄芽的产地。山高雾浓、雨水充沛、昼夜温差大、土质肥沃等等良好的生态条件，极适合茶树生长。霍山黄芽外形条直微展，匀齐成朵、形似雀舌、嫩绿披毫，香气清香持久，滋味鲜醇浓厚回甘，汤色黄绿清澈明亮，叶底嫩黄明亮。从唐代至清朝，霍山黄芽都被列为贡茶。《霍山县志》记载：民国四年（1915），武汉茶庄来霍山收购"抱儿钟秀"[2]黄芽，并在巴拿马万国博览会上获得金牌奖。

黄山茶 徽州，名山众多。黄山自然是当之无愧的代表。黄山地处北纬30°，属于亚热带季风气候，这是生产好茶的绝佳纬度，阳光充足，雨水充沛，一天之内常常是一时晴川历历，一时细雨霏霏。黄山海拔近2000米，夏天最高温度30℃左右，冬天最低温度-6℃左

2　霍山黄芽的名称。抱儿指抱儿峰；钟秀，指钟灵毓秀。

右，全年平均气温17℃上下。黄山3月间气温就逐渐升到10℃以上，一直到12月才会再降到10℃以下，因此，茶树的生长期长达八九个月之久，极其适宜茶树的生长。茶树在无污染的优质环境中，迎朝霞、送夕阳、承雨露、沐风雾，长年累月，自然而然地吐出与众不同的芬芳。

黄山毛峰、太平猴魁、祁门红茶均产自黄山地区。

茶礼茶俗

徽州人有一句话，叫"不当家，不知柴米油盐酱醋茶"，可见，茶和柴米油盐一样，是徽州人重要的生活必需品。因为事关生息，在徽州，以茶为礼，成为一种复杂的习俗。

日常茶俗 徽州的茶礼茶俗多姿多彩，渗透到家家户户的日常生活。从生老病死到婚丧嫁娶，以及衣食住行，均有茶的踪迹。生孩子要喝满月茶，周岁要喝周岁茶，读书要喝启蒙茶，当学徒要喝拜师茶；相亲的三茶六礼，成亲的进门茶、拜堂茶、合卺（jǐn）茶、新婚茶，老人辞世的寿茶；新春插秧吃开秧茶，新年开市吃利市茶；立夏喝解暑茶，中秋节赏月品茶，冬日火桶煨茶；邻里发生矛盾，调解时要喝和气茶。徽州人还以茶代药，松萝可解酒、祁红可暖胃、绿茶可祛火、安茶可祛瘴、银杏茶可降血压，民间还流行用茶水洗脚、洗疮、洗伤口，婴儿出生三天用茶水洗澡。甚至在徽州人的饭桌上，也可见到毛峰虾仁、顶谷鱼片、雀舌烤鸡、祁红甜豆等美味佳肴。

每个徽州人的生命，从孕育，到诞生，到生长，到归于泥土，都离不开茶。

吃三茶 徽州当地流行"吃三茶"，即每天早、中、晚必须饮三次茶，这已经成为徽州人生活中不可或缺的一部分。早晨起来洗漱完毕，第一件事就是沏上一杯热茶，热茶入口，浑身血脉畅通，茶香盈口，神清气爽；午饭过后，喝上一杯酽茶，有助于消化、健胃、去腻；吃罢晚饭，或夏日庭院纳凉，或冬季围着火盆，饮茶品茗，畅谈聊天，惬意舒适，一天的劳碌随着香茶烟消云散。

在徽州，贵客上门要"吃三茶"。第一道是栗茶，就着蜜枣和糖炒板栗吃茶；第二道是鸡蛋茶，顾名思义，用五香煮鸡蛋佐茶；第三道则是清茶。

除了款待贵客，大年初一，徽州人也要"吃三茶"；喜庆婚礼，要"吃三茶"；正月里百年也要"吃三茶"。"吃三茶"，重在品茶，而不是解渴。遗憾的是，紧张的生活节奏，繁重的生活压力，现代社会的人们已经没有过多时间和精力品茶，传统的"吃三茶"也只在部分老年人中流行。

徽州茶道 徽州人饮茶讲究很多，古时饮茶，将茶与水同煮，叫煮茶，煮茶对水的要求很高。徽州地区山多，山上的泉水是泡茶的首选，第二是经过沉淀、净化的河水，最后才是井水。山区茶农家有过火塘，将茶水放在陶瓷罐的水壶中，放在火塘里煮开，要饮茶时拿起陶瓷壶，将热茶倒进茶盏或杯子中饮用。徽州本地有一种"茶道"，讲究以茶立德，以茶陶情，以茶会友，以茶敬宾，注重环境的庄重，追求汤清、气清、心清、境雅、器雅、人雅。细致的泡茶、品茶程序大体有十几个过程，静气、焚香、涤器、烫盏、赏茶、投茶、洗茶、注汤、敬茶、品茶、上食、论茶。徽州人讲究茶道，各个阶层却有所不同。农家茶讲求真诚，注重内美不重外形，乡土气息浓郁；文士茶追求儒雅风流；大富大贵，拥资千万的徽商喜欢富士茶，讲究高堂花厅，喜爱华贵精美的茶具，要的是豪华享受。

◇ 壶和之礼 ◇

黄山一带至今还流传着这样一首歌谣："黄中茶乡民风淳，珍贵礼物是瓷壶；人生相交薄财物，一片冰心在玉壶。"氤氲茶香中，徽州百姓恪守着茶之道——清本源；人之道——和为贵。

喝茶讲和 徽州人家中的堂屋，很多都会摆放一把茶壶，是和祖先一起接受祭祀的。在徽州，人们至今仍在运用一种处理民事纠纷的好办法，即喝茶讲壶（和）。这一习俗的形成，与朱元璋[3]有关。

3　朱元璋(1328—1398)，明太祖。

相传元末，朱元璋领兵反元，经过黄山脚下，遇到一程姓人、一鲍姓人闹纠纷，两人请朱元璋判断曲直。朱元璋将二人请进帐中，意欲沏茶会客。可是军营里没有茶具，程、鲍两人便捧来壶杯。被形状各异、做工精美的茶壶吸引的朱元璋，不禁赞道："这个扁壶出自宜兴，这个圆壶是景德镇产的……果然天下名壶在黄山。"程、鲍两人一听朱元璋是赏壶行家，兴致一下上来了，就与朱元璋讨论起黄山壶具来，将先前的不快忘到九霄云外，紧张气氛不知不觉地缓和下来。谈完壶，两人冰释前嫌，握手言和。刘伯温[4]乘机说："乡亲们，我们主公'喝茶讲壶（和）'让大家化敌为友。"刘伯温是浙江人，把"hú"读成了"hé"，于是"喝茶讲壶（和）"之说就流传下来了。

以壶还壶　茶壶对于徽州人而言，是最珍贵的礼物。黄山一带的男女老幼皆爱以茶壶做礼物，渐渐就形成了"以壶还壶"的交往习俗。

据记载，清代金陵（今南京）名妓董小宛曾两上黄山同雪庄和尚品茗赏景，切磋画艺。雪庄住持是一位道行高深的僧人，兼名画家，但不轻易给人作画。雪庄僧人对董小宛非常尊重，视其为高尚之人。临别时，他送给董小宛一幅《雪天品茗》和一只茶壶。董小宛对画和壶极其珍爱。董小宛回金陵后，一位景德镇大瓷商精心设计了一套鸡蛋大壶具送给董小宛。董小宛再进黄山时，便把这套壶送给雪庄。

"以壶还壶"，就此成为佳话，一代代流传下来。再后来，一位十年如

4　刘伯温(1311—1375)，元末明初的军事家、政治家、文学家，明朝开国元勋。

一日给雪庄担水的茶农喜得一子,做满月时,雪庄"以壶作礼",又把这套壶玩具送给了孩子。

如今,这一套玩具,仍在黄山的小孩们手中把玩。

徽商徽学

安徽人,"靠茶吃茶"。徽州人种茶制茶卖茶,将茶叶事业经营得风生水起,成为徽商经营的四大行业之一。明清是徽州茶商的鼎盛时期,茶叶贸易成为徽商经营的"巨业",徽人中也出现了不少"世守其业"的专业茶商。乾隆年间,徽商在北京设有茶行7家,茶商字号166家,小茶店达数千家。在天津、上海所开茶庄也不下百家。汉口、九江、苏州等长江流域的城市中,几乎到处都有徽州茶商的身影。著名的茶号有"汪裕泰""程裕新",著名的茶商有汪晋和、王云翔、吴荣寿等。在歙县古村昌溪,"吴茶周漆"曾名扬天下。

知书敬理 安徽人尊崇儒学,崇尚程朱理学。朱熹爱茶,晚年给自己取了一个雅号"茶仙"。他不仅品茶、论茶,还曾亲自参与种茶、制茶、煮茶、宴茶、斗茶、咏茶,乐在其中。朱熹性情中庸,好茶有度。他认为人们不应仅将茶作为解渴之物,而应以茶修德,以茶寓道,以茶穷理,以茶交友。朱熹以茶喻学,从中领悟与获取了许多理学思想与文学灵感。他把治学喻为宋代煎茶,若仍秉持唐代遗风,在茶叶里掺杂姜、葱、桂、椒、盐之类同煎,就会影响了茶味。朱熹以此为例，对学生说："如这盏茶，一味是茶，便是真才，有些别底滋味，便是有物夹杂了。"朱熹因此主张学问要专攻一门，所以深透钻研理学，不惑于其他各门各派的迷乱。在程朱理学影响下，几乎每一个徽州人都奉行"修身、齐家、治国、平天下"，抱积极入世的生活态度。

朱熹主张正心诚意，存天理遏人欲。朱熹理学对徽州的影响至深至彻。徽州书院也都以朱熹亲订的《白鹿洞书院学规》为楷模，聘任山长和讲席。正因为儒学教育的普及，徽州读书人多，人才辈出。

儒道经商 历史上的徽商中精通儒学、擅长诗词文学者不乏其人。徽商爱读书，一是借以提高自己的文化素养和文化品位，而较高的文化素质则黏合了他们与官僚士大夫阶级的交往，为自己的商业经营创造诸多便利；二是徽商从史书中汲取了丰富的商业经验和智慧，有利于自身的商业经营；三是增强了经商的理性认识，以"儒道经商"，从而形成良好的商业道德。徽州黟县西递村挂着这样一副楹联："读书好，营商好，效好便好；创业难，守成难，知难不难。"可见，徽州人对儒与商的看中，既强调营商，也强调要读书。

捐资助学 明代开始，大多数徽商奉行"贾为厚利，儒为名高"的准则。他们除了不断向朝廷和官府捐银以外，还把商业利润的一部分投资教育，培养子弟和同族学子通过科举进入封建政府的各级政权。同时，商人雄厚的财力和浪迹天涯的流动性，又为他们的子弟能延请名师、四方游学、广交名士、扩大视野、增长见闻创造了有利条件。清朝康熙年间（1662—1722）有过统计，徽州六邑设有社学462所。歙（shē）县棠樾大盐商鲍志道（1743—1801），捐三千金修紫阳书院，捐八千金修山间书院；歙县巨商汪兆晃，对义馆无力延师者，每年捐资数百金；同治年间，歙商还筹资一万二千三百余缗，在南京建造歙县试馆，作为家乡学子乡试住宿之所。

诚信义仁 徽商尊崇文化，奉行儒学，徽州商人在长期经营中，逐渐形成"诚""信""义""仁"的经商之道。徽商致富后，积极报效社会，修桥补路、设义学、造义冢……不仅仅是徽商热心公益，其实徽州人都有非常强的公益意识，有些地方已经成了一种"公益"习俗。如祁门县闪里镇坑口村，每年农历七月初一都要举行"路会节"，全村无论男女，无论老少，都要参加一天的义务劳动，修路、除草、清理河道、打扫村庄，等等，此风气从唐代一直延续至今。

徽学 徽商艰辛创业，忍辱负重，坚韧不拔，人口皆碑"徽骆驼"和"绩溪牛"。他们即使富甲天下，但仍讲究以诚待人，以信接物，义利兼顾。这样的徽州人创造了一门学问："徽学"，它与"敦煌学"和"藏学"一同被誉为走向世界的中国三大地方显学。

◇ 茶行天下 ◇

中国是茶的"根"，是世界各国的"茶的祖国"，其他国家的种茶、茶树及制茶技术和品饮方式都是直接或间接传自中国。

茶入朝鲜 最早接受中国茶文化影响的可能是朝鲜半岛。唐时，朝鲜的佛教徒来中国求学，回国时就将茶和茶籽带回新罗，中国的饮茶习俗开始在半岛流行，但仅限于王室、贵族和僧侣，且茶主要用于祭祀、礼佛。直至新罗统一时代（668—901），中国茶文化才全面传入半岛，并促进其茶文化的全面发展，饮茶习俗开始由上层阶级向民间传播，民间开始广泛种茶、制茶，最终形成韩式茶道。

茶至日本 日本是受中国茶文化影响最深的国家之一。唐朝、南宋、明清，是中国茶文化向日本传播的三个重要阶段，日本多位僧人将茶文化带回国内，形成了日本的茶道文化。唐顺宗永贞元年（805），日本最澄禅师从中国研究佛学回国，把带回的茶种种在滋贺县。公元815年，嵯峨天皇来到滋贺县梵释寺，喝上了清香扑鼻的茶水，很高兴，要求大力推广饮茶，于是日本国民开始大面积栽培茶。宋代，日本荣西禅师来中国留学，回国后根据中国寺院的饮茶方法，创作了《吃茶养生记》一书，被称为日本第一部茶书。16世纪末，千利休继承历代茶道精神，创立了日本正宗茶道。

茶到欧洲 明神宗万历年间（1573—1620），荷兰海船从澳门将茶贩回欧洲，自此，茶叶叩开了欧洲的大门。1631年，英国的威忒船长专程率船队东行，从中国直接运走大量茶叶。饮茶之风开始风靡荷兰、英、法等国。法语"茶"的发音和荷兰语相同，就是因为都源自福建闽南语中茶的发音。

茶叶最初传到欧洲时，价格昂贵，荷兰和英国人都将其视为奢侈品或者"贡品",仅仅限于宫廷贵族、豪门世家作为养生或社交礼仪之用,甚至以喝茶来炫耀风雅,争奇斗富。

中俄茶贸 中俄两国是近邻,俄语"茶叶"一词就源于中国。俄罗斯人已有400年的饮茶历史。据文献记载,1638年,沙皇使者从中国回国时带回200包茶叶,这是中国茶叶首次公开出现在俄国首都。从1679年起,中国与俄罗斯开始了固定的茶叶贸易,中国开始沿北方的古丝绸之路定期向俄罗斯运送茶叶。

郑和[5]之功 中国茶走到世界,有郑和之功。他的船队七下西洋,扩大了中国茶叶的海外影响范围,其中就包括东南亚。郑和船队中有一部分人到了东南亚后,就留在了当地,中国饮茶的习惯和种茶、制茶技术也随之传到了东南亚各国。这其中有不少福建人,而福建人自古就有饮茶、品茶的习惯,并且爱泡"功夫茶",习惯喝早茶、晚茶,这也在一定程度上影响了东南亚人的饮茶方式。新加坡和马来西亚人至今爱喝肉骨茶,就是一边吃肉骨,一边喝茶,茶叶大多选自福建产的乌龙茶。

中国给了世界茶的名字,茶的知识,茶的技术,茶的文化。

---

5 郑和(1371—1433),明朝,航海家、外交家。

第七章

湖湘文化

蛮

◇ Chapter 7 ◇
Braveness of Hunan

浩浩汤汤、横无际涯的洞庭湖，范仲淹[1]笔下的岳阳楼，沈从文[2]笔端的湘西奇山异水与风土人情……湖南早已名扬天下。

湘江北去，承载着湖湘的底蕴与厚重。从楚文化到湖湘文化，千百年来，三湘四水[3]人杰地灵，文化荟萃。骚人墨客、学者名流、仁人志士，以及谪官戍卒、访奇探胜之辈，皆会于此。

1　范仲淹(989—1052)，北宋杰出的思想家、政治家、文学家，著有《范文正公文集》。
2　沈从文(1902—1988)，中国著名作家、历史文物研究者，著有《边城》。
3　代指湖南。四水指湘江、资江、沅(yuán)江、澧(lǐ)水；三湘，说法不一，其一指上湘湘乡、中湘湘潭、下湘湘阴；其二指湘南、湘西、湘南；其三指漓湘、潇湘、蒸湘。

◇ 奇山异水 ◇

湖南,大部分区域处于洞庭湖以南,因此得名。又因其省内最大河流湘江贯全境,而简称"湘"。

文人留连 湖南地处中国中南部,四季分明,湿润多雨,高山险峰林立,江河湖泊纵横,淡水面积达1.35万平方公里。境内的洞庭湖为中国第二大淡水湖,还有湘江、资江、沅江和澧水"四水"覆盖。综观唐宋两代,诗文大家几乎没有不揽湖湘胜景以入诗的,而湘山楚水的灵气也造就了一大批留连于此的文人——南宋诗人陆游,唐代的刘禹锡、柳宗元……

浪漫主义文学之源 湖湘山水自有个性,这里的山质地坚硬,石山石峰居多,壁立千仞。这里的水开阔灵动却不汹涌湍急,富有激情却又不失沉稳与神秘。山水的性情影响了人的性情,因而湘楚之民多好浪漫幻想,不喜平铺直叙,反映到文学上,则形成浪漫主义文学的一大源头。从先秦的庄子[4]散文、屈宋[5]辞赋到两汉铺张扬厉的大赋,无一不是这片土地上孕育的浪漫主义杰作。

南蛮之由 湖湘之地东西南三面环山,对北敞开。冬季,凛冽的西伯利亚寒潮滚滚南下,长驱直入全境,达南岭脚下的郴(chēn)州、

---

4 庄子(约前369—前286),战国中期思想家、哲学家、文学家。
5 指战国时期楚国的诗人屈原(约前340—前278)和宋玉(约前298—前222)。

永州一线，被阻于南岭；夏季，南方的阳光烈日加上湘北洞庭湖大水面的蒸发，使三湘大地热气郁积而不得散发，致使酷暑可达41℃，夜晚的气温仍可高达33℃。而春、秋两季，三湘大地时而受西北的冷风控制，时而受西南暖湿气流的影响，故气候多变，时晴时雨，骤冷骤热。因此，尽管湖湘号称鱼米之乡，却自古都是居住条件恶劣的"南蛮"。这样山水养就了"霸蛮""骡子""辣子"。这类对湖南人性格的描述，看似是在批评湖南人固执蛮干、不讲道理，但也是此地人民性格中的一种倔强的真实写照。

◇ 湘辣成霸 ◇

湖南人，嗜"辣"。湖南菜鲜辣咸香，相比于黔辣的简单纯粹、川菜的麻辣多变，湘菜的辣，主要是鲜辣，盖味而不抢味，清、浓、轻、重，层次分明。咸辣、鲜辣、酸辣、甜辣等，无一不是味在先、辣在后，加上湘厨巧妙的制作、细致的调味，便有了以辣为主体的各种鲜美滋味。

辣的痛快 湘菜菜式虽然算不上繁多，但味道绝对是"过口不忘"：重色调、重口味、大辣、多油，滋味悠长。在湖南人看来，酸甜苦辣咸五味之中，辣主要不是一种味道，而是一种感觉，辣作用于口腔舌尖，是一种痛感。灼热的疼痛之后胃口大开的酣畅淋漓，是嗜辣的湖南人在饮食中寻求的一种痛快，长久下来却也形成了一种习惯、一种风味特点，奠定了湘菜的基本特点。

简菜色味 湘辣菜品的民间色彩极其浓厚，无论粥粉面饭，还是炒菜做汤，多是用些简单易得的原料烹制，制作上也没有太复杂的工艺，很家常。一盘剁椒鱼头上桌，鱼肉的嫩白、剁椒的火红、汤汁的鲜美，无论是观感还是味道，都能为自家的餐桌增加几分色彩，再配上一把手擀面，饭菜兼有，省时美味。就拿一道湘辣小菜"尖椒豆豉空心菜梗"来说。粗梗洗净切小段，用盐稍微腌一下，控去水分，尖椒切碎丁；热锅放油，爆香大蒜粒、黑豆豉，把尖椒丁、菜梗段放入锅中爆炒一下，加盐调味，即可出锅。菜梗脆爽，豉香浓郁，微辣咸香，开胃下饭。一道简菜，却能成为普通百姓餐桌上的经典菜式之一。

这就是湘辣的魅力，也是它的魔力。

三湘子弟 辣椒激发的痛感激发了男儿的血性，激扬的血性成就了三湘子弟的威名。翻开中国近代史，曾国藩、左宗棠[6]书生带兵，扎硬寨打死仗，这是辣的刚毅；戊戌六君子[7]中的谭嗣同慷慨赴义，血洒北京菜市口，这是辣的壮烈；蔡锷[8]讨伐袁世凯[9]，黄兴和宋教仁投身辛亥革命[10]，这是辣的威猛；毛泽东则更干脆，声称"不吃辣椒不革

---

6 曾国藩(1811—1872)，左宗棠(1812—1885)，均晚清名臣，以曾为首；曾为湘军的创立者和统帅，左为将领；二人均为洋务运动发起者。

7 戊戌变法失败，被杀的六位领导者：谭嗣同(1865—1898)、康广仁(1867—1898)、杨深秀(1849—1898)、林旭(1875—1898)、杨锐(1857—1898)、刘光第(1859—1898)。

8 蔡锷(1882—1916)，近代爱国者，政治家、军事家、民主革命家，中华民国初年的杰出军事领袖。

9 袁世凯(1859—1916)，中国近代史上北洋军阀的首领，任中华民国临时大总统后，意图恢复帝制。

10 指发生在中国农历辛亥年，即 1911 年至 1912 年初，旨在推翻清朝专制帝制、建立共和政体的全国性革命。

命",他一生嗜辣,在延安时,更是用自己在杨家岭种植的辣椒作为礼物送给斯大林,表达对中国革命胜利的坚定信念。

◇ 霸蛮湖湘 ◇

湖湘文化,主要是指以今湖南为主体的一种近代区域文化。其精髓,可用一个湖南方言词概括,就是"霸蛮"。湖湘在近代的发达,有两大源头:其一是楚地传统文化的孕育,这是间接源头;其二是南宋时期的湖湘学派,这是直接源头。

天下意识 根据常德城头山古城、道县玉蟾(chán)岩古稻种、怀化洪江的高庙等考古发现,湖南也是中华文明的发源地之一。鼎[11]的发现最早在城头山,于是有了"问鼎中原"一说。南蛮祖先蚩尤与黄帝争夺天下,楚国与秦国逐鹿中原,都是惊天动地之举。湖南人的"天下意识"也由此孕育。

楚文化因子 湖南曾是楚文化重要腹地,屈原南游沅湘,留下了许多著名的诗篇,尤其是相传作于湖南的《天问》,对宇宙、自然和历史的传统观念提出了大胆的怀疑和质问。这种精神后来深深扎根于湖湘文化的土壤之中。可以说,楚文化的因子已逐渐融汇到湖湘文化的小

---

11 古代煮东西用的器物,有三足圆鼎,也有四足方鼎;自从有了禹(夏代)铸九鼎的传说之后,鼎就从炊器发展为传国重器。

传统之中，成为民间文化的一个重要组成部分。湖南相对闭塞的地理环境保证了这些楚文化因子不致流失，当近代西方文明冲击湖湘大地时，楚文化因子历久弥珍，喷然而出。

湖湘学派 湖湘学派是宋代理学阵营中的一个重要学派，创始人胡宏，福建崇安人，后迁居湖南衡山，隐居衡山20余年，并终老于此。张栻（shì），8岁随父到长沙定居，后拜胡宏为师，其学术思想较其师更胜一筹。张栻的名声之大，引起了另一位大学者——朱熹的注意，由此引发了学术史上著名的"朱张会讲"[12]。"朱张会讲"以及朱熹在岳麓书院的讲学，几乎成为湖湘文化的精神象征。

到了明末清初，湖湘文化中又出现了另一位杰出学者王船山。王船山生长在湖南，肄业于岳麓书院，受岳麓学术传统的影响，对宋代湖湘学派大师胡宏、张栻的学术思想极为推崇，并在人性论、知行观及治学思想上直接继承和发扬了湖湘学派的学术宗旨。作为一位思想家，王船山不只是将湖湘文化，而且将整个中国学术思想文化发展到了一个新的高峰。

走在历史之前 湖湘文化塑造了湖湘人士外倾感应型人格，一旦睁眼看世界，认准了某种真理，往往能开风气之先。当面临近代西方文明的冲击时，经世致用的学风使一批湖湘知识分子率先认识到西方物质文明的进步意义。

12　1167年，37岁的朱熹前往长沙岳麓书院，与34岁的张栻切磋学问，开书院不同学派"会讲"之先河，形成自由讲学、论学的风气。

早在1842年，湖南邵阳人魏源[13]，出于对鸦片战争失败的反思，编写了《海国图志》一书，详细介绍英、美、俄、西等五大洲90个国家的历史地理知识，提出"师夷长技以制夷"的口号。在他逝世10年后，湖南人曾国藩、左宗棠又率先将"师夷长技以制夷"的口号付诸社会实践，掀起了轰轰烈烈的洋务运动。1876年，湖南人郭嵩焘被清政府任命为第一任驻英法公使，他在实地考察西方社会的基础上，率先提倡发展民族资本主义，开设议会，实行君主共和制。1895年开始的维新变法运动，湖南人又一次走在了全国的前列。新文化运动，湖南人易白沙历数孔学辅助帝王独裁，实行文化专制等弊端，呼唤学术思想自由。1918年，湖南第一师范学校学生蔡和森、毛泽东、萧子升等组成以提倡文化革新为宗旨的新民学会，成为湖南五四运动的中坚组织之一。随之，毛泽东、刘少奇、任弼时领导共产党创立新中国……湖湘文化进入一个崭新的历史阶段。

◇ 忠勇之实 ◇

湖湘文化有其鲜明的"忠勇"，不同的历史时期，湖湘文化中的"忠勇"具有不同的内容和表现形式，任凭时代变迁，其内在的特质恒久地外化成心忧天下、献身报国，百折不挠、勇于牺牲。

天下之忠　早在春秋战国时代，当湖南还属于"蛮荒之地"的时

13　魏源(1794—1857)，清代启蒙思想家、政治家、文学家。

候，就诞生过爱国诗人屈原的光辉篇章——《离骚》。北宋（960—1127）以后，范仲淹脍炙人口的《岳阳楼记》，更以"先天下之忧而忧，后天下之乐而乐"[14]的爱国激情与博大胸怀，感染、鼓舞一批又一批的志士仁人。北宋时期，道州人周敦颐作《太极图说》和《通书》，为宋明理学开山，湖南有了第一个土生土长的思想家。差不多同时，岳麓书院建立，南宋的湖湘学派形成，湖湘文化的发展出现了转机。湖湘学派的创始人胡安国著《春秋传》，志在鼓励朝廷坚持抗金（1115—1234），收复失地。胡宏则继承其父胡安国的学风，集中研究国家治乱兴亡之道。

历代湖湘学者都有保卫祖国、复兴民族的强烈历史责任感。张栻上书反对言和，主张收复大好河山。他以岳麓书院为主要教育基地，培养了一大批德才兼备的爱国志士。他们，或是政绩卓著的能臣，或是威震一方的将才，或是名重海内的学者，在当时中国的政治、军事和学术舞台上发挥了重要作用。

湖湘文化的爱国传统，到明末清初，更集中地体现在王船山身上。他在《读通鉴论》中强调民族利益高于一切，把民族大义作为评判历史人物功过是非的最高标准。

湖湘文化的爱国传统到了近代，则表现为救亡图存、振兴祖国的强烈自信心和使命感。

---

14 意思是把国家、民族的利益摆在首位，为祖国的前途、命运担忧分愁，为天底下的人民福祉劳力、流血。

近代以来，特别是湘军集团兴起之后，湖南人的爱国精神较之其他省区，表现得更为突出，更为强烈。甲午战败后，马关签约，中国割地赔款，民族危机空前严重。谭嗣同、熊希龄，奋笔疾书，揭示民族危机，并澄清天下为己任的使命和救亡图存的自信。而青年毛泽东也深受湖湘文化爱国主义传统的熏陶。在一师[15]读书时，他常引用"天下兴亡，匹夫有责"与同学共勉。

湖湘文化培养了湖湘学子们极强的爱国主义精神，他们把坚持身心修养与捍卫国家主权、民族尊严联系起来。

献身之勇 湖湘文化有其鲜明的"勇"——百折不挠、勇于牺牲。

屈原便是这种精神最突出的代表。据考，屈原一生一次被疏远，两次被放逐，在长达十余年的放逐生涯中，屈原的身心受到了严重的摧残，精神上承受着巨大的痛苦，哀怨、忧伤、悲戚、愤懑几乎伴随终生，但他的生命始终处在反抗、搏斗、奋争的行进过程中，终至以死殉志。

近代，湖南士人为了挽救国家和民族的危亡，这种执着和献身精神又一次焕发。

据《王船山传论》载，王船山当明清鼎革之际，早年举兵抗清,33岁返回湖南,知道无法成功，又誓不投降。数次转移,流离困苦,备尝险阻。

---

15 湖南省立第一师范。

曾国藩的湘军,又称「湘勇」,是中国近代史上最勇猛的军队之一。

在这种艰苦条件下，王船山坚持著述，成为当时思想界的一颗巨星。

曾国藩深受王船山影响，确定的选将标准除"才堪治兵"之外，还必须不怕死，耐受辛苦，并且不汲汲于名利。他自己则以"舍命报国""不要钱、不怕死"自勉勉人。他带领湘军屡败屡起，百折不挠。

曾国藩的奋斗精神影响及黄兴、蔡锷。黄兴为救国而献身革命，戎马一生，出入枪林弹雨，置个人生死于度外。蔡锷在识破袁世凯卖国求荣、帝制自为的阴谋之后，虽喉疾已加剧，仍潜赴云南起兵讨袁，抱病担任护国军第一军总司令，率部分左右两纵队进军川南，在纳溪、泸州一带同十万袁军殊死战斗。

近代湖南人奋斗精神强烈，献身精神亦很强烈，出现了不少为国家、为民族、为革命勇于献身的志士仁人，尤以谭嗣同为代表。此外，左宗棠抬棺进疆，不让沙俄寸土；以毛泽东为代表的湘籍革命家，逆境中开展艰苦卓绝的斗争等，都集中体现了湖湘人的"忠勇"的霸蛮风骨，并化作一种伟大的凝聚力和向心力。

◇ 致用之行 ◇

湖湘文化坚持经世致用，"经世"就是经邦济世，"致用"就是学术研究中应当为治理事务服务。具体表现为积极入世的人生态度，修身、齐家、治国、平天下的人生抱负，以及注意联系实际、学以致用的治学方法。知行合一，湖湘文化自古既有求实精神。

经世之风 湖湘文化中经世致用的学风，可以上溯到先秦汉唐时代，战国的屈原、西汉的贾谊，其学问文章与安邦济世的抱负、忧国忧民的心怀、理想的追求实践浑然一体，他们是湖湘文化中经世致用学风的先行者。东汉的蔡伦改进了造纸术，泽被后世；三国的蒋琬，以实干精神而为诸葛亮赏识；唐代柳宗元、刘禹锡[16]学问高文章好，忧国忧民振时济世，推动了经世致用学风在湖湘文化中的发展。

到了宋代，湖湘文化经世致用的学风正式形成，胡安国、胡宏父子，张栻不断丰富了它的精神内涵。南宋之后这一思想得以进一步发展，尤其是明清时期，王船山追求济世实践，陶澍、魏源、贺长龄则积极践行经世致用，形成了一个影响巨大的经世学派。

湖南经世致用思想的滥觞始于嘉道年间[17]的贺长龄、贺熙龄兄弟，陶澍和魏源诸人。从思想阐发的角度来看，当推魏源为领袖。魏源主张学术必须面向社会现实，经世致用，为此，他编印了《皇朝经世文编》，以提倡"实学"。与此同时，贺长龄、贺熙龄兄弟和陶澍等担任地方大员的湘籍士人也大力倡导经世之学，并在其任内进行一系列有关国计民生的社会改革。他们与魏源的经世思想相呼应，造成了一时

---

16 805年，永贞革新失败，柳宗元被贬永州司马，永州为现在的湖南省永州市，期间著有《永州八记》，815年回长安；刘禹锡被贬朗州司马，朗州现为湖南省常德市，期间创作了大量寓言诗，写了多篇哲学论文，815年回长安。

17 分别指清代嘉庆年间(1796—1820)，道光年间(1821—1850)。

的士习，结成经世学派，对湖南士风产生深远的影响。

身体力行 咸丰年间（1851—1861），以曾国藩为首的湘军，也大力推崇经世致用之学，并身体力行。曾国藩的学术态度是汉宋兼采。对于人才，曾国藩不求全责备，只要有一技之长、一节之用，不论年限资历，均在录用之列，使得湘军极具凝聚力和战斗力。左宗棠从小受贺长龄、贺熙龄和陶澍的影响，留意于经世之学，潜心研究舆地、兵学、农学、荒政、盐政、吏治等一系列有关社会现实的学问。他认为评价学问的标准不在于读书多少，而在实践多少，甚至把"老农"推崇到"识字"读书人之上的地位。湘军人物对经世之学的倡导和他们在政治上的成功，为湖南士子提供了一个仿效的榜样，这对近代湖湘文化产生了重大的影响。

毛泽东也充分继承和发展了湖湘文化的经世致用精神传统，一生崇尚"踏着人生的实际"说话、做事，提出了著名的"卑贱者最高明，高贵者最愚蠢"的论断；并在辩证唯物主义基础上，提出"实事求是"的思想路线，为中国先进文化的发展做出了卓越的贡献。

◇"小法兰西"◇

湖湘文化，作为中国文化史上独具特色的地域文化类型，拥有独特的历史源流和特质。

继承性 湖湘文化的不断演变、转型,与华夏文明具有一以贯之的继承性。在湖湘文化成型之前,这里已经出现了区域性文化形态——苗蛮文化与南楚文化。史前时期,现在的湖南一带主要是三苗、南蛮人活动的地方,盛行作为部族文化的苗蛮文化。以后出现的楚文化则是一种以方国为基础的区域文化,其幅员包括后来的几个省区。楚文化的产生,是中原文化与苗蛮文化相结合的产物;同样,湖湘文化的产生,是中原的儒家文化与本地的楚文化遗存相结合的结果。

开放性 宋代,作为地方行政区域的"湖南"已经确立,其文化教育、学术思想出现了前所未有的兴盛,古代湖湘文化因此形成和崛起。同时,这个时期的中国思想文化正在进行以儒学为主体的文化综合,思想文化方面的主流是理学,故而这段时期崛起的湖湘文化是一种理学型的核心文化,湖湘之地先后出现了理学开山周敦颐,理学学派湖湘学派、理学总结者王船山,使得宋明时代的湖湘地区成为理学思潮形成和发展的大本营,湖湘之地发达的书院则成为理学思潮的学术文化基地。当然,楚文化中对宇宙天地的求索精神,苗蛮文化中的生命意志与信念执着,均对唐宋以后湖湘文化产生影响。

近代,地处内陆的湖湘文化站在中国文化变革发展的最前沿,力图解决一个涉及中国历史命运的重大课题,即在西方强势文化的挑战下,努力重建一个适应时代发展的近代型文化。从"师夷长技"的呼吁到洋务运动的倡导,从维新变法到辛亥风云,从"五四"新文化运动到马克思主义传播,近代湖湘文化总是挺立在中华文化转型发展的时代前沿。

兼蓄性 岳麓书院是南宋时期的学术重镇，在张栻主持下，对各家各派洞开大门，百家争鸣。岳麓书院讲坛上，既有与湖湘性本论理学颇存歧见的理学大师朱熹在此开讲传道，也有与理学相对立的事功学派的代表陈傅良于斯讲学授徒，继后至明代又有心学大师王阳明及其弟子罗洪先、张元汴宣讲心学。即使到清代汉学、宋学形同水火之时，但岳麓书院仍倡导汉、宋包容。

世界性 王船山主张各民族的交往与融合。他不仅主张各民族的文化交流，还提出了"天下交相灌输"的经济交流思想。他大力提倡国与国之间，甚至敌国之间的通商贸易。这些思想，对近代湖湘文化的开放精神的形成，有极其深远的影响。

从1840年鸦片战争开始，中国步入近代。湖湘文化以其特有的开放精神，培育出中国第一批开眼看世界的时代巨人，以魏源为其中最杰出的代表。他在《海国图志》中，深刻总结了第一次鸦片战争失败的惨痛教训，首次提出"师夷长技以制夷"的口号。曾国藩、左宗棠等人则以自己"造船造炮"将这一思想付诸实践。作为湘军核心幕僚，中国近代第一位驻欧使臣郭嵩焘认为西洋各国的立国之本，就在于他们所实行的民主制度。这些，既是湖湘文化的传统，也在中国近代思想解放与社会变革的历史进程中进一步丰富和发展了湖湘文化的世界性。

"中国维新，湖南最早。"（毛泽东）湖南人的这种开放和变革精神，决定了在近现代中国的历次维新变法和政治革命运动中，湖南人都走在了最前列。基于不同政治立场但立意皆为改革创新的思想主张，世人誉称湖南为中国的"小法兰西"。

第八章

晋商文化

商

◇ Chapter 8 ◇
Merchants Culture of Shanxi

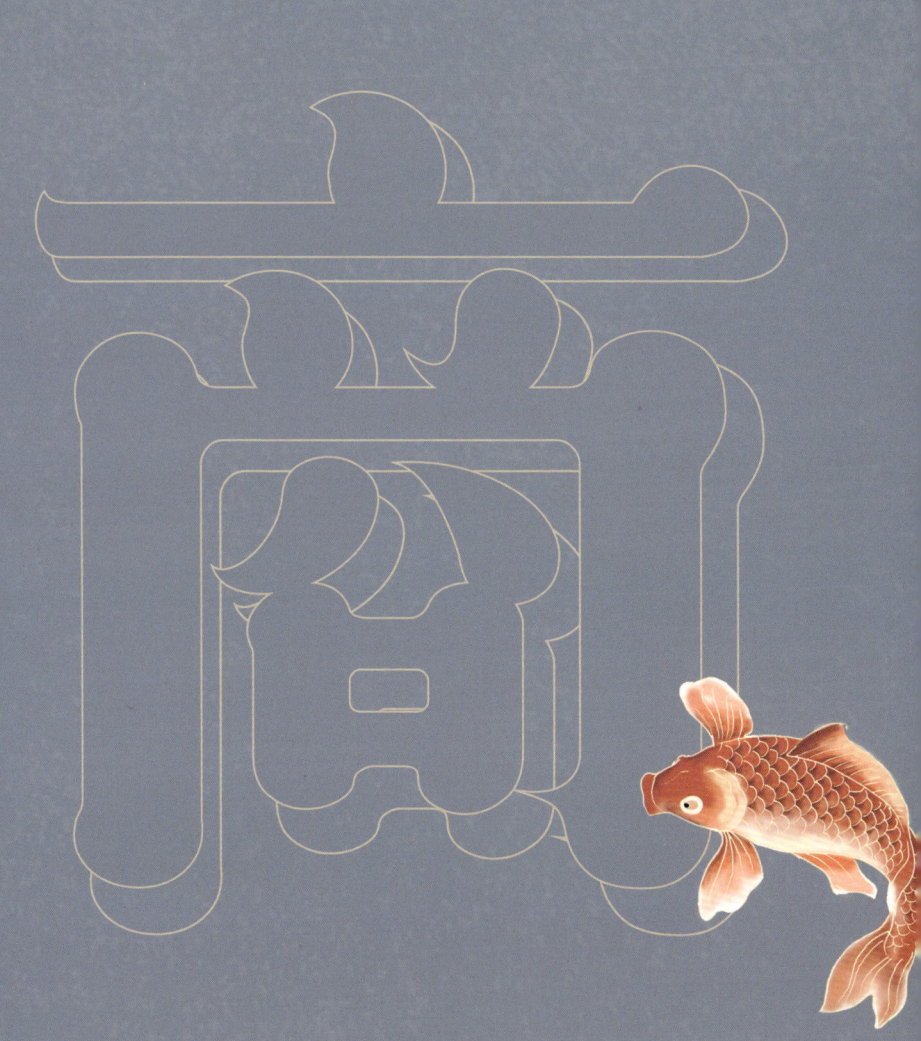

山西，中国商业文明发端较早的地区。在中国特殊的商业运行规律的制约下，一代代山西商人，行走天下，呕心沥血，历经漫长的商业资本的积累，开创出独具特色的商业文化。他们纵横商场500年，引领了中国商业历史的潮头，创造了中国近代金融业的奇迹。

晋商精神，已成为中华文化的一部分，成于山西，浓于山西，行于世界。

◇ 弃农从商 ◇

山西简称晋,史称三晋[1]。现在的山西,因位于太行山以西而得名。

被迫出走 山西,东面和东南面是太行山,南面是中条山,西面和西南面是连绵 400 多公里的黄河。西面为吕梁山,长 300 多公里。在太行山和吕梁山之间为一片平川,多个盆地居于其间。然而,犬牙交错的山脉和黄土高原上的一道道土梁,留给山西人的可耕地面积不到土地面积的 30%,山区的可耕地大约只有 10%。为了追求温饱或是追逐财富,山西人离开家园,走西口,穿大漠,跋涉千万里,甚至远赴海外。至明清两代,山西孕育出了富甲天下的山西商人群体——晋商。他们纵横中国商界 500 余年,位列中国十大商帮[2]之首,在中国金融史上书写下浓墨重彩的一笔。

原始积累 晋商的崛起,有一个长期的财富原始积累过程。

山西商人经商的传统源远流长。从秦始皇统一中国开始,经历了数次"合久必分,分久必合"的治乱交替,山西不仅以军事上的重要地位而成为历代王朝的军国重镇,在经济上,围绕着军事建设和王朝统治的需要,也获得了长足发展。

1　公元前 453 年,晋国被赵、韩、魏三卿所占,晋国的君主成了这三家的附庸。公元前 403 年,周王朝正式承认赵、魏、韩为诸侯,由于他们都出自原来的晋国,所以统称"三晋",因而山西也就有了"三晋大地"的称呼。

2　晋商、徽商、闽商、粤商、浙商、苏商、湘商、赣商、鲁商、秦商。

山西南部、中部的盆地在汉唐时期是古代重要的产粮区。出产的粮食可以经过汾河、黄河、渭河漕运到关中，对于定都于关中地区的王朝有着重要战略意义。此外，山西中部和北部盛产良马，山西南部有盐池，很多地方蕴藏丰富的煤、铁资源，也是很重要的军用物资和财政来源。山西南部长期以来临近京师，交通便利，有利于商业的发展。山西北部虽是边防，战火频仍，但依然阻碍不了相对和平时期北方游牧区和中原地区频繁的贸易往来，一些边关逐渐发展成商业发达的城市。

明代的经济政策对河东盐商和泽潞冶铁商人最为有利，明代晋商的代表当属晋南的盐商和泽潞的铁商。清代以旅蒙商人和票号商人最为风光。清代的山西富商大多是集中在晋中一带的票商和贸易商。

随着明清时期大的经济环境的变化，山西商人秉承着贸迁四方、艰苦创业，以义致利、崇尚信誉，商帮集团、同舟共济，应变图存、适时调整的精神，终于崛起乃至成为"天下最富"的商团，形成了明代的盐铁商—清中期的茶商—清晚期的金融商这样一个清晰的发展轨迹。

◇ 因盐致富 ◇

山西境内的盐产，以今运城的盐池为重，这里历来是中国重要的池盐产区。

开中制之利 每逢夏季，盐池中的盐分在热风吹拂下，自然结晶成盐颗粒，捞采即得，储存、交换都很便利。然而，自汉武帝起，盐和铁就实行国家专营，一直是国家的重要财税来源，商人无法自由贸易。到了明代，政府推行"开中盐法"，晋商得地利之先，抓住良机，蓬勃地开展起了盐贸易。

"开中盐法"令商人往前线输送粮草，以补充戍边军士屯田所获得粮食的不足，并根据输粮或纳粮的数量，给予相当的盐引（食盐专卖执照）。在专卖制度下，食盐贸易有可靠的丰厚利润。山西商人借此东风，率先进入北方边疆市场，依靠贩运粮食、棉花、草料等军需品而迅速发展起来，并随着对盐业的经营而进入盐业集散地扬州一带。山西盐商就此发达。

无论是纳粮还是支取盐引和销售，山西盐商都不得不在一个更为广阔的区域进行活动，这样就在无形中开阔了山西盐商的眼界，增长了他们的商业知识，使他们逐渐形成了系统的商业观念，为山西商人向全国发展创造了条件。

多元贸易机遇 "开中盐法"施行 100 年后，由于明政府滥发盐引扰乱了市场，导致盐商空有盐引而无盐可领。明政府随后改变了缴纳粮食换取盐引的方式，而实行在边镇地区以白银兑换盐引，以银济边。在开中制逐步瓦解的过程中，晋商相时而动，转向其他商品的经营。一部分山西大盐商迁到扬州继续与安徽盐商瓜分盐业垄断的利润，留下的晋商则把目光投向更辽远的地方，他们以两淮为中心，积极扩大经营范围，找到了与北部各少数民族进行多元化贸易的机遇。

◇ 走西口 ◇

明清以来，中国发生了三次规模较大的人口迁徙活动，分别是闯关东、走西口和下南洋。对于山西人而言，闯关东或走西口是他们逃离贫困时选择最多的一条充满血泪的"淘金"之路。走西口之难，甚于闯关东十倍。

在这条延续了 300 余年的走西口的路上，行进着一支山西贸易大军，时称山西旅蒙商，他们是晋商商团的重要一支。这支商团当时不仅在今天的呼和浩特与包头等地垄断了商业，而且还将贸易版图拓展到域外，足迹远至今天的蒙古国和俄罗斯等地。

茶叶之路 "丝绸之路"是汉唐时期连接中国与西域各国的贸易通道，"丝绸之路"衰落后，另一条以山西为枢纽，北越长城，贯穿蒙古，经俄罗斯西伯利亚通向欧洲腹地的"茶叶之路"在宋代逐渐形成。这条新辟的国际商路从宋朝景德年间（1004—1007）一直延续到中华民国二十七年（1938）。在长达 900 多年的岁月中，山西商人将湖南的茶叶输往俄罗斯、蒙古国市场，并在茶叶的收购、制造和长途贩运各个环节，都占据了主导地位。至清代，这条国际商路经山西商人的进一步开拓，盛况空前。山西商人向外输出的商品除了大宗的茶叶，还有山东鲁山和河南许昌的绸、河北的土布、江浙的缎、江西的瓷器，京津的杂货以及山西产的铜铁制品、酿造品、谷米、烟草等100多个品种；同时，也向国内输入了毛织品、皮货、玻璃器皿和小五金等商品。

旅蒙大商号 "大盛魁"商号是山西最早走西口的旅蒙商之一，也是清代山西人开办的对蒙古贸易的最大商号，极盛时有员工六七千人，商队骆驼近两万头，活动地区包括喀尔喀四大部、科布多、库伦（今蒙古国乌兰巴托）、内蒙古各盟旗、新疆乌鲁木齐和俄罗斯西伯利亚、莫斯科等地。商号资本十分雄厚，据称其资产可用五十两重的银元宝铺一条从库伦到北京的道路。

大盛魁的创建人是山西太谷县的王相卿和祁县的史大学、张杰。他们起初都只是肩挑货担随军负贩的小商人，跟随清朝康熙皇帝派出的平定准噶尔部噶尔丹叛乱的军队深入漠北，在杀虎口开了个商号，称"吉盛堂"，初具商号的规模。约于康熙末年，一起创立了"大盛魁"。

对俄外贸世家 1727年，清政府与沙俄签订了《恰克图条约》，确立了塞北疆界，中俄贸易也进入了迅速发展时期，愈加繁荣。根据条约，西伯利亚的恰克图（在今蒙古国的阿勒坦布拉格）被辟为中俄商品交易市场，并由中俄两国各建一城。中国城的名称直截了当，就叫买卖城；俄方的城名为恰克图。在买卖城中，茶叶交易占了主导地位。据记载，在清同治四年（1865），山西商人在这里开办的茶叶商铺就有120家。

据《山西外贸志》记载：在恰克图从事对俄贸易的众多山西商号中，经营历史最长，规模最大者，首推榆次车辋常家。常氏一门从常万达于乾隆年间从事此项贸易开始，子孙相承，历经乾隆至宣统七朝，沿袭150多年。晚清，在恰克图十数家较大商号中，常家一门独占其四，堪称清代本省的"外贸世家"。

三千余里的贩茶路 中国最初输往俄罗斯的茶主要来自福建的武夷山地区，少量来自安徽和湖南，后来由于太平天国的军事活动阻断了交通，湖南安化遂成了主要的茶叶基地。安化的茶原为黑茶，至清咸丰（1851—1861）初年，红茶制法才开始出现，这种茶更符合俄国人或西方人的口味。俄国人喜欢红茶和砖茶，西欧人喜欢花茶。而以肉食为主的游牧民族，不论贫富或男女老幼，都嗜饮砖茶。后来，山西茶商发现，湖南、湖北交界处的羊楼司、羊楼洞一带，无论是地理环境还是运输条件，都非常适合茶叶的种植和贸易，于是开始投资并指导当地的农民栽培、制造茶叶，很快将这里变成了一个著名的产茶区，所生产的老青砖茶质高量大。茶叶由山西茶商经张家口运至恰克图市场，全程3200里，只能通过车载、马驮或者骆驼运输。

荒山野岭，携金带银，驼队自然成为劫匪垂涎的肥肉。为了防止匪帮劫财夺物，久经风雨的山西商人以朴拙应对突变，他们将边贸所得的大量粗制银器和散碎银子融化重铸为千两一块的银锭（约62斤重），装载在特制的多轮牛车上，与驼队同行。

在大漠荒岭边贸贩茶路上，最多曾往返着数十万峰晋商驼帮的货运骆驼，经年累月，不绝于径，场面壮观。

◇ 白银帝国 ◇

明初，晋商作为一个商帮形成。明王朝灭亡时，晋商已成为雄踞海内的最大商帮，并在清代进入鼎盛时期。

晋商多有钱？《清稗类钞》[3]曾列过一个中国财富排行榜，其中光绪时（1875—1908）资产在白银三十万两到七八百万两的山西富户有14家。仅这些富户的财产总数有3000余万两银子，约相当于今天的45亿元人民币。而当时大清帝国每年的财政收入仅约白银4000万两。而这还仅仅是山西商人中的一部分财富。

晋商富可敌国，在数百年的岁月里，他们打造了属于自己的白银帝国。

中国现代银行开端 清代中期之后，晋商开始创办票号业。一些山西大商号凭借雄厚的资本和遍及各地的分号，转型为经营金融汇兑业务，就此揭开了中国商业史上的一页新篇章。

中国第一家票号是山西票号日升昌。日升昌票号的前身西裕成是平遥

3 　清末明初徐珂著，是关于清代掌故轶闻的汇编。

当时资金最雄厚、规模相当大的颜料业龙头老大。西裕成以制作铜绿颜料闻名,雇工在千人以上。西裕成的铜绿工艺合理、色彩纯正,产品供不应求,在京师、天津、四川等地都有铺面商号。

西裕成的大掌柜雷履泰从晋商大量的异地汇款需求中发现了商机,1824年左右将颜料庄转型为票号。因为满足了晋商多年的需求,日升昌很快风行,并带动了其他商号转行票号。

票号从诞生的第一天起,就以汇兑为其主业,所以票号又称汇兑庄或票庄。商人出发前将银子交到商号的柜上,拿上一张由商号开出的汇票,需要提款时,可到这家商号的任何一家分号,凭票取款。

随着票号业务的拓展,其汇兑业务除了个人业务外,最主要的业务来源是承担了政府各地税收输往北京的任务,即京饷汇兑,还有海防经费汇兑、铁路经费汇兑、河工经费汇兑,乃至赈灾款的汇兑业务。除了办理汇兑,票号的另一项主要业务是存款放贷,贷款对象则多为商号、钱庄、新式企业,并借垫欠款给各省及税关;而其存款除了私款外,以官府税款和军饷为主。

票号经营汇兑和存放款业务,最初以商号和个人为对象,以内陆商埠为重心。咸丰以来,因为清政府没有中央银行,票号又为清政府大量汇兑公款,这就造成了最初由商品交换和货币流通需要而产生的票号在从商业中分离出来后,主营业务逐渐集中到汇兑和垫借公款领域。因为公款不计利息,这一转变让票号获得了巨大的利益,同时也把票号自身的利益与清政府的利益紧密捆绑在了一起，这也为票号后来的衰败埋下了隐患。

票号业的崛起跟中国近代交通和通讯的革命性发展有着深刻的关联。19世纪后半期，轮船、铁路、电报、邮政局引入中国，大大缩短了通讯的时间，为票号建立全国性的经营网络提供了技术层面的支持。

19世纪后期的三四十年，是中国票号发展的黄金时期。清光绪年间，山西票号鼎盛，除总号外，分号达到400余家，分布在当时21个行省的85个重要城镇，甚至在蒙古、新疆等边远之地也开有分号。山西票号由设在家乡的总号控制着众多的分号，构成了四通八达的金融汇兑网络，并且开创了办理国际汇兑的先河。祁县的合盛元于光绪三十年（1904）在日本东京、神户还设立了分号。

业务的扩大为票号创造了滚滚财源。以日升昌票号为例，仅在光绪三十二年（1906），日升昌在北京等地的14个分号就获利58372两白银，而当年这14家分号的收交汇兑白银达32225204两之多。

票号业，这种起源于民间汇兑业的中国新型银行业，为中国的汇兑事业开辟了一个新时代，推动了整个中国的货币清算行业走向以汇兑结算为主的新方式。这不但大量节约了社会劳动力，解放了生产力，还极大地促进了商品经济的发展，并把晋商推上了事业的顶峰。

日升昌票号的创办是一项伟大的革命，称其为中国现代银行的开端，丝毫不为过。

◇ 晋商之道 ◇

在传统人文思想的影响下，明清山西商人形成了一系列山西商人群体人人遵循的商业道德规范，并贯彻到日常的商业行为中。

道德规范 一是儒商精神。在晋商眼里，经商者不仅应熟读儒家经典，更重要的是以儒家学子恪守的信条作为道德修养的根本，并将这一根本无时不在、无处不有地运用到商业活动中。

二是敬业精神。晋商始终把商业作为一项崇高的事业来对待，兢兢业业，恪尽职守，堂堂正正，不卑不亢。

三是进取精神。晋商自称，凡麻雀能飞到的地方就有山西人。明代山西商帮的活动区域，还处于半天下的态势。到清代，山西商人的商业网络已遍布国内大江南北、长城内外。

四是团队精神。山西商人很重视发挥群体力量，他们用家族宗法与乡里之谊彼此团结在一起，用会馆来维系、增强相互间的了解，通过讲义气、讲相与、讲帮靠来协调商号间的关系，消除人际间的不和，这才逐渐形成大大小小的商帮群体。

五是讲信义。晋商相信，商业道德上以信义为重，方可成就诚贾本色。晋商在从明至清的数百年中，始终倡导诚信笃实，重义尚德信条。山西票号之所以在100多年里根繁叶茂，除了资本充盈外，首要的一点就是信用卓著，加之用人得当，法规严密，辅以谋略用奇。

经理人制 "商场如战场"，晋商的成功，离不开一套行之有效的管理体系。其中最为人津津乐道的，是经理人负责制。具体做法是：经理聘用之前，先由财东对此人进行严格的考察，确认其人有所作为，能守能攻，多谋善变，德才兼备，可以担当经理之重任，随后便以重礼招聘，委以全权，并始终恪守用人不疑、疑人不用之道。一旦选中聘用，财东则将资本、人事全权委托经理负责，一切经营活动并不干预，日常盈亏平时也不过问，让其大胆放手经营，一切由经理便宜处置。经理有无上之权力，不论是用人还是业务管理，均由经理通盘定夺，但同人也有建议权。经理每年要给财东提交年终决算报告，逢到账期（三五年不等），经理还要向财东报告商号盈亏。若遇年终结算时亏赔，只要不是人为失职或能力欠缺造成，财东不仅不责怪经理失职，反而多加慰勉，立即补足资金，令其重整旗鼓，以期来年扭亏转盈。经理在任期内，如能尽力尽职，业务大有起色，财东则给予加股（人身股）、加薪奖励。如不能称职，则减股减薪，甚至辞退不用。

这种管理制度是晋商成功的原因之一。然而，清末，列强环伺，内外交困。因与政治勾连而获得巨额财富的晋商，也随之付出了极其惨重的代价。1914 年，日升昌票号倒闭，标志着晋商左右中国金融界一个世纪的历史结束。自此，晋商也走完了前后 400 多年崎岖坎坷而又波澜壮阔的商路历程。

◇ 宅门大院 ◇

当资本如滚雪球般膨胀时，外出经商的山西人将大笔的白银转回老家，修建深宅大院。青砖灰瓦，高墙峻宇，风格古朴，气势凝重，装饰精美，富有鲜明的时代风格。这些宅院，有些距今已有400多年。

捐资买官建宅 中国历代封建政权大都重农抑商，所以在14世纪以前，一个地方最好的建筑物不是与军事有关，就是与士大夫阶层或官员相关，民间建筑的规格受到很大的限制，否则就是僭越。明代后期，随着封建社会商品经济的发展，商人的政治地位逐渐提高，商人子弟可以参加官方的科举考试，有机会博取功名做官。

明代，国家财政是节约型财政。在这种经济体制下，产生了国家向商人要钱物，商人向政府要官职的政治现象，商人与政治的关系在权钱交易中不断靠近，日趋密切。清代的制度基本沿袭了明代。清代，因为战事不断，需要大批的白银弥补军需匮乏，而国家财政不足。富有的山西商人纷纷出资买官。捐资纳官既实现了富商大贾的政治理想，也换来了商人生活诸多方面的自由和特权，使得商贾摆脱了修建宅邸中的种种限制。

皇家规格 俗话说，皇家看故宫，民居看山西。论高度，故宫的宫墙，不过10多米高，而山西大院的院墙，如太谷曹家的三多堂围院，祁县乔家堡的在中堂院墙，高度与故宫围墙相较，有过之而无不及。论数量，故宫内殿堂屋宇有9000多间，而山西王家宅院的建筑群，

山西大院，是中国民居的典范，向有「北在山西，南在安徽」之说。皖南民居以朴实清新而闻名，晋中大院则以深邃富丽著称。

房舍竟也达到了1500间的宏大规模，榆次车辋常家的屋舍有千余间，占了一条街，祁县渠家兴盛时的屋舍占据了整整半个县城。

山西富商的住宅，不但在高度和数量上挑战皇家，而且在格局上也模仿帝宫。山西的大宅院中，也是巷道贯通，甬路相连，门中有门，院中套院，一个个规整的四合院落，每院必从吉祥意或诸子百家经文中取名，如凝瑞宅、敦厚宅、坦荡门等，与宫廷的冠名有异曲同工之处。

宅内等级　等级制度是中国封建政治体制中的核心内容之一，山西的大院建筑在这一点上体现得淋漓尽致。山西宅院多为左右对称的正偏结构，正院上高下低，中庭开阔，尊卑有序，等级分明。正院宽敞，正房高大，厢房低于正房，也小于正房。

封建时代遵行男尊女卑的纲常观念，体现在山西宅院建筑上，则是小姐所居住的绣楼修建得通常要低矮狭窄，虽然也是精致小巧，但也充分体现了封建社会不许女子出人头地、个性张扬的传统思想。

工艺精良　山西的宅院大多工艺制作精良。晋中太谷曹家，祁县渠家、乔家这些富甲一方的家族，宅院建造时精雕细刻，不惜工本。宅子的屋墙墙面，修建时磨砖对缝，平整光滑，砖缝细密。有人说，这些大户人家在修建屋子时，砖瓦都经过了桐油的浸泡，而且勾缝时用的浆子是由糯米汤、石灰粉、桐油调制而成的，有的还掺入了花椒水，以防虫蛀，防蚁噬。

曹家大院的三多堂，院内散布各处的门楼、飞檐、斗拱、窗棂、照壁等无不饰以寓意吉祥、富贵的各种砖、石雕刻和木雕图案，如松鼠戏葡萄，一蔓千枝缠枝莲，蝴蝶戏菊花，猴骑在马背上……文化色彩浓郁。

山西老宅院，许多与之营造时间相仿的文化宅邸早已倾颓，而这些商家建筑历经数百年的风雨，依然气势恢宏。

第九章

齐鲁文化

◇ Chapter 9 ◇
Benevolence of Shandong

山东,又称齐鲁大地。"齐鲁"之名,源自先秦的齐国(前1044—前221)和鲁国(前1043—前256)[1],孔子首将齐、鲁两国并称。齐鲁,山高、水深、地广、人仁。若来山东,不亲历泰山之"会当凌绝顶,一览众山小"[2]的盛景,就好比去了北京没有爬长城;若来山东,不到黄河入海口领略一下茫茫河面和芦花飞雪,也必成憾事。

---

1 周朝的两诸侯国。周朝共有齐、晋、秦、陈、吴、楚、越、韩、赵、魏、宋、鲁、卫、郑等108个诸侯国。
2 定要登上泰山顶峰,俯瞰群山,豪情满怀。

◇ 一山一水一圣人 ◇

齐鲁，东临大海、西接中原、北傍燕赵、南依徐淮，是连接华东与华北、大海与中原的纽带，山地、丘陵、平原、洼地、湖泊、海洋应有尽有。广阔肥沃的山麓平原与齐鲁西部的黄河冲积平原、南部的淮河冲积平原以及北部的海河冲积平原相连相扶，缓缓孕育了齐鲁文明。

中华古文明发源地 齐鲁文化，历经齐、鲁两国800年的风云变迁，2000多年的历史考验流传下来，至今仍然在影响和改变着人们的生活方式和思维观念。齐鲁历史文化渊源深厚，是中华古文明的发源地和摇篮。中华民族有文字记载的历史大约5000年，而最能证明这一历史的，则是在泰山周围发现的记载具有连续性的出土文物。正是扎根于如此深厚的文化土壤，齐鲁文化才根深叶茂。

相传清朝乾隆年间，山东东平进士刘公瓘初到南方做官，江南多才子，不信山东汉，想给他出点难题。一位才子自恃才高，就给他出了一个上联："江南多山多水多才子。"刘公瓘略一沉思即对："山东一山一水一圣人。"众皆拍手称绝。"一山"，即泰山，号称五岳之尊；"一水"，即黄河，是中华民族的母亲河；"一圣人"，即孔子，古被尊为万世师表，今被列为世界十大文化名人之首。

名士 齐鲁大地历朝历代名人名家辈出，而历代齐鲁名士身上，无不体现着齐鲁文化所特有的仁义品格：名医扁鹊妙手慈心，普救众生；政治家、军事家诸葛亮鞠躬尽瘁，死而后已；书法家王羲之坦腹东床，文雅豁达，一世才名；女词人李清照巾帼不让须眉，生当人杰；抗金英雄、著名爱国词人辛弃疾挑灯看剑，栏杆拍遍……这些山东人，秉承"先天下之忧而忧，后天下之乐而乐"的儒家名士风骨，铸就了山东人泰山一样的朴实和坚韧。

而创造这一独特地域文化和人格的思想基础，是儒家文化。

◇ 礼乐德法 ◇

齐鲁出了孔子，孔子出了齐鲁，走进中国的山山水水，成为齐鲁的象征，中国文化的象征。他杏坛讲学，桃李满天下；他一字一句，因材施教，有教无类，泽遗千代；他以民为本，洞悉人性，循循善诱，以和为贵；他倡导"仁"，"仁者爱人"，重视和谐，推及四方；他的智慧化为言行，2500年后的今天，仍在规约着人心。

礼乐教化 孔子之礼，母体是齐鲁文化，胚胎则是华夏文明。西周（前1046—前771）以来，以各个重要的诸侯封国为中心，逐渐形成了各具特色的区域文化。

鲁国，周公[3]儿子伯禽的封地，是孔子的生养之地。从大量的原始文

3　姬旦，周文王姬昌的第四子，制作礼乐。他是西周初期儒学奠基人，也是杰出的政治家、军事家、思想家和教育家。

化遗迹可以看出，在众多的区域文化中，鲁国的文化居于领先、中心的地位。鲁地素有礼乐之邦之称，其根深蒂固的礼乐传统对孔子产生了深刻影响。

中国的礼乐文化起于夏朝（约前2070—前1600）、商朝（约前1600—前1046），至西周达到高峰。这是中国五千年文化史上出现的第一个完备的文化形态，至今仍有着广泛而深刻的影响。

礼乐文化是一种制度文化，它以"礼"为社会秩序的基础和核心，"明贵贱，辨等级，正名分"[4]，一切人和事都要遵循礼的规范和准则。礼分吉礼、凶礼、宾礼、军礼、嘉礼五种，"五礼"的节目繁多，涵盖了国家、社会和人的生活的方方面面。乐，通常与礼相配合，行什么样的礼，配什么样的乐。

礼乐文化直接孕育了儒家文化。西周继承了夏、商礼乐文化，同时又大胆改造，形成了完备的周礼。而孔子则于春秋（前770—前476）末期对周礼也进行了继承与创新。孔子从"仁爱"思想出发，坚持以人为本，实行仁政德治，将社会公正、秩序、诚信和人民的福祉置于第一位；并在汲取"齐之以礼"[5]传统思想基础上发展了儒家学说，成为儒家文化创始人，也成为春秋时期礼乐文化的代表。

4　分清贵贱等级秩序。
5　用礼制同化百姓。出自《论语·为政第二》。

德法并举 齐鲁文化自身是一个具有众多侧面的完整的文化体系，齐文化和鲁文化尽管存在差异（如鲁文化崇尚礼，提倡亲近亲人，崇尚恩爱；齐文化则尊敬贤人，崇尚功绩），但在深层次上则是从同一条母根上孕育成长起来的同一个完整的文化体系。

从道德观和价值观方面来说，齐鲁文化始终认为讲道德不能不讲修身，讲修身不能不关注道德。从本质上说，齐鲁文化是伦理道德型的文化。而正是在这一点上，齐鲁文化影响并塑造了中华民族的精神气质，使中国人把道德视为一种具有崇高价值的精神追求，并且认为"人皆可以为尧舜"[6]。

孔子认为应当止刑劝善。因为，以刑治国虽然见效快，周期短，但民不从；而以德治国虽见效慢，周期长，但民从，利于统治。在这一点上，孔子及后世儒者的认识是一致的，也是一直坚持的。如儒家思想继承者荀子就提出礼法结合，以礼为本，以刑为用。其思想不仅与《周礼》相合，也是齐鲁儒家德法思想的集大成，并确立了齐鲁文化中德、法结合的思想基础。

"法"与"德"，具体实施中，鲁国更崇德，而齐国则更重法。虽然齐鲁两国在处理"法"与"德"的关系时都有所偏重，但两国都注重德与法之间不可分割的密切关系。田齐时期（前386—前221），从齐国君臣到稷下诸子，大都强调"德法兼治"。

6　人人都可以成为尧、舜那样的贤人；尧和舜，是黄帝之后黄河流域的部落联盟首领。出自《孟子·告子章句下》。

总体上讲，儒家的思想以德治为本，以刑罚作为补充。孔子认为，刑之用以德为前提，刑只使用于愚顽不化、不守法度的人。

◇ 稷下学宫 ◇

春秋战国时期（前770—前221），战争不断，学术却异常繁荣。当公元前335年亚里士多德在雅典创办哲学学校吕克昂（Lykeion School）时，他不知道，早在公元前356年，在东方的齐国稷下，齐威王（前378—前320）[7]创办了中国第一家，也是世界上第一所官方大学：稷下学宫。

稷下学宫延续了一百四五十年之久，是战国中后期的学术文化中心和百家争鸣[8]的主要场所。兴盛时期的稷下学宫，几乎汇聚了"诸子百家"各个学派的主要代表人物，多时集天下贤士多达千人，其中著名的学者如孟子、淳于髡、邹子、荀子等[9]，都曾在此讲学或论学，尤其是荀子，他曾经三次担任过学宫的"祭酒"（学宫之长）。在这里，不论学术派别、思想观点、政治倾向，不论国别、年龄、资历，大家

7　齐威王（前378—前320），田齐桓公（非春秋五霸之首的姜齐桓公）田午之子，战国时期齐国第四代国君。

8　指春秋战国时期知识分子中不同学派的涌现及各家族流派之间争芳斗艳的局面。

9　孟子（约前372—前289），名轲，战国时期著名的哲学家、思想家、政治家、教育家、儒家学派的代表人物之一，地位仅次于孔子，与孔子并称"孔孟"；
淳于髡（kūn，前386—前310），战国时期齐国人，政治家、思想家；
邹子（约前305—前240），名衍，战国时期齐国人，阴阳学家；
荀子（前313—前238），名况，战国时期赵国人，著名思想家、文学家、政治家。

围绕着天人之际、古今之变、礼法、王霸、义利[10]等话题，自由发表学术见解，展开辩论，相互吸收，共同研讨，著书立说，共同发展。就这样，以稷下学宫为中心，中国学术思想史上形成了一次蔚为壮观的百家争鸣、百花齐放的局面，并成波涛汹涌之势，影响至今。

稷下学宫的创建是齐威王改革的一项重要措施，得到了齐国政权的大力支持。齐国统治者对稷下学宫的学者采取了十分优礼的态度，授予他们"上大夫"之称，这些"上大夫"拥有相应的爵位和俸养，且允许他们可以"不任职而论国事"（《盐铁论·论儒》）。稷下学宫既是一个官办的学术机构，又是一个官办的政治顾问团体。

稷下学宫的创建，开辟了民主议政的先河，不仅促进了齐国的昌盛，而且为齐鲁文化的融合发展创造了良好的社会环境。正是在齐鲁文化这种"尚学""好文"的传统影响下，儒学也获得了一个博采众长、兼收并蓄的大好时机和有利平台。

---

10 天人之际：自然与人事之间的相互关系；
　　古今之变：从古到今的时事变化；
　　礼法：社会上通行的法纪和礼仪；
　　王霸：春秋时周天子为各诸侯之共王，称王；诸侯国中的盟主，称霸；
　　义利：义，指思想行为符合一定的道德标准，利，指利益、功利。

◇ 仁与义 ◇

齐鲁文化以儒家思想为基本,把"仁"视为最高追求。而"爱人"则是"仁"的内核,也是表现形式,还是儒家强调的做人的根本原则,更是处理人际关系最有效、最完美的方法。孔子遵循周礼的基本原则和思路加以改造和发展,引仁入礼,要求礼一定要符合仁的精神,也就是守礼不违仁。孔子所倡导的"仁、义、礼、智、信"的儒学精神与齐鲁文化的精髓融为一体。

孝为先 儒家文化是一种倡导积极入世的文化,而知识分子入世的要求就是"修身、齐家、平天下",不能"齐家"者,何以治国平天下?所以,"齐家"在山东人和中国人的人生价值取向上始终占主导地位。

儒家文化里,"仁"作为人的最高德行,既是个人的,又存在于家庭关系之中,融化在人们普遍的道德追求之中,成为一种自觉的道德认同。因此,"仁"的实现,正是从家庭开始的,"仁"在家庭里的表现就是亲情之爱,包括子女与父辈之间的孝道与爱护,夫妻之间的举案齐眉、相敬如宾,兄弟姐妹之间的相互关照关爱,进而把这种家庭之爱扩展至全社会。

受儒家文化影响,齐鲁人有一套特殊的家庭价值体系。即"忠孝节义""君君、臣臣、父父、子子"[11],也是在确定每个成员在"国"这

---

11 做君主的要像君主的样子,做臣子的要像臣子的样子,做父亲的要像父亲的样子,做儿子的要像儿子的样子。出自《论语·颜渊》。

西周末年，孔子于曲阜孔庙的杏坛登坛，授六艺之学，四万弟子云集。其作为中国古代最伟大的教育家，提倡「有教无类」「因材施教」等教育理念，对后世影响深远。

个大家庭或"家"这个小国里的身份和角色定位而已。只有人人各安其位，各行其是，长幼有序，和谐相处，才能保证一国、一家的稳定团结。

故而，在中国传统家庭伦理道德中，"百善孝为先"（[清]王永彬《围炉夜话》）。"孝"即"孝顺""孝敬"，"孝"是本，"顺"和"敬"是"孝"的外在表现形式。

为人师表 公元前522年，孔子有感于"礼崩乐坏"[12]的现实，于曲阜孔庙的杏坛登坛，授六艺之学，四方弟子云集。

作为中国古代最伟大的教育家，孔子形成并传承了具有平民色彩的教育理论。孔子提倡"有教无类"[13]，以培养君子仁人为目标；采取因材施教，"循循然善诱人"的教学方法；要求弟子学思结合、举一反三、学而时习之、温故而知新；重视德育，主张智仁勇并举而以仁为中心；提倡教师以身则，师生教学相长；要求学生抱实事求是的学习态度，"知之为知之，不知为不知，是知也"[14]；鼓励学生要学以致用等。

孔子一生"学而不厌，诲人不倦"[15]，一生都以他人为师。无论是德厚长者，还是三岁小儿，只要有值得学习的地方，他都可以"不耻

---

12 西周等级森严的分邦建国制度遭受诸侯征战而日渐崩坏，并引起了社会秩序混乱。
13 指不分贵贱贤愚，对各类人都可以进行教育。出自《论语·卫灵公》。
14 知道就知道，不知道就不知道，这才是聪明的态度。出自《论语·为政》。
15 勤奋学习而不感到满足，教诲学生从不倦怠。出自《论语·述而》。

下问"。孔子开创的师生之风、师生之情,为师之道、为徒之礼,以"尊师重道"的朴素形式,烙在中国人的内心,外化为行。

见利思义　纵观儒家文化两千余年的发展史,儒家思想学说一直是在动态发展的,是在实践中不断"损益"、扬长避短、日臻完善的。

儒家文化自身与现代化就有契合性。儒学强调的刚健有为、自强不息的进取精神,可以成为现代化的内在动力;儒学诚信为本的价值观念,可以与市场经济信誉至上的伦理要求相融相通;儒学敬业尽职、"宁俭勿奢"的自律意识,可以成为经济发展的加速器;儒学的"经世致用"思想,可以决定着经济领域的成败。

上述各方面可以概括为"儒商"传统。

"利"与"义"是市场经济中始终存在的一个核心问题,是"见利思义",还是"见利忘义",如何选择,最能考察一个人的社会伦理道德和经济伦理道德的高下。齐鲁文化养育下的山东人崇尚的是"君子爱财,取之有道"。

孔子认为信是维系人际交往的道德底线,人只有先取信于人才能与人合作交往,只有不失信于人才能得到别人的尊重信任。对一个国家来说,诚信也是根本,它是国家、社会良性运行的基石和保证。一个国家和政府可以"去兵""去食",但不能无信,只有取信于民才能得到民众的支持,而社会一旦形成诚信之风,国家的政令就会畅通无阻。

◇ 士和士气 ◇

中国封建朝廷的官员选拔制度，从汉代至清代，总的趋势是越来越倾向于以对儒家经典的了解程度作为选举的主要标准。就这样，儒家文化通过与文官选拔考试相结合，逐渐孕育和衍生出了中国传统文化里又一大文化景观——"士"与"士文化"。

以儒家精神为标准和原则的"士"文化是中国传统文化的升华。传统的士讲风骨，重操守。尽管经济上处于附庸地位，但自信、自尊；文上爱名节，重义轻利；士尊崇"贫贱不能移，富贵不能淫，威武不能屈"[16]的大丈夫；他们向往立功、立德、立言，做不朽之人；他们爱国，以国为家，能以身许国，毁家纾（shū）难[17]；他们的信条是"大丈夫行事，论是非，不论利害；论顺逆，不论成败；论万世，不论一生"[18]。

"士"的社会特征及属性，决定了无官无爵的老子、庄子、孔子、孟子、荀子、墨子、孙子、韩非子等奠定中国传统文化基石的先秦诸子，以及后来历朝历代发微抒义的经学大师，皆堪称士。

---

16 贫贱时不能改变自己的意志，富贵时不挥霍，强权威压下不改变自己的态度。出自《孟子·滕文公下》。
17 不惜捐献所有家产，帮助国家减轻困难，解救国难的大义行为。
18 为人做事的标准，要看事情的是非对错，而不是看个人的利害关系；看是否顺应时势，而不是结果的成败；做事不能只看眼前，也要看这件事对后世的影响。出自[明]黄宗羲《宋元学案》。

一个人该怎样做才称得上"士"？子贡[19]曾问孔子。孔子的回答是：能以道德上的羞耻心来规范自己的行为，且才能上要能完成国君所交给的任务，才为士。前者是对士的道德品质方面的要求，后者则是对士的实际办事才能方面的要求。两者兼具，才能算得上一名合格的士。

中国的儒家文化不谈鬼神，他们关注的是民，是国，是活生生的现实。这种文化土壤栽培出的中国读书人，也始终将读书与国家的命运联系在一起。顾宪成[20]撰写的名联："风声雨声读书声，声声入耳；家事国事天下事，事事关心"，实际上代表了中国知识分子特有的优良传统，是中国特殊的"士"文化的精炼提成。从这一角度来讲，儒家思想本身不但是为国家、社会培养栋梁之材的入仕之学，更是培养能做民族脊梁的"士"人之学。

"士"重气节，因为儒家文化培养出的文人之"节"，关乎族、关乎家，更关乎国。宋代文天祥战败，为元兵所俘，拘燕京三年，终不被利诱，不为威屈，作《正气歌》，从容就义。具有了这种"气节"，人人皆可为"士"，不分贵贱，不论学问。春秋时齐国饥民，不吃富翁黔敖（qián áo）的嗟（jiē）来之食[21]，宁可饿死。一介饥民，表现出这种气节，即可称之为"士"。在这里，气节，也就是俗称的骨气。

19　子贡（前520—前456），即端木赐，春秋末期卫国人，政治家、商人、外交家，孔子的学生。
20　顾宪成（1550—1612），字叔时，明代思想家，世称东林先生。
21　指侮辱性的施舍。此典故出自《礼记·檀弓》。

这样的骨气，早已渗透到每一个中国人的观念、行为、习俗、信仰、思维方式和情感方式之中，自觉不自觉地成为人们安排自己的生活、处理各种事务、协调各种关系、参与社会生活的基本原则和指导方针，成为民风民俗生成和发展的基本动力，成为塑造每一个普通中国人性格特点和行为方式的最高准则。

◇ 汉文化圈 ◇

"我的文学表现了中国人民的生活，表现了中国独特的文化和风情。"说这句话的是山东作家莫言，2012年莫言获得诺贝尔文学奖，由此，山东又一次走到全世界的面前，同时将与时俱进的儒家文化为代表的中华文化带给了世界。

中国文化实际上早就已经融入了世界。传统意义上的"汉文化圈"，主要就是儒家文化圈，包括韩国、日本、越南及东南亚许多国家，都曾受到过儒家文化的影响，而且这种影响至今都还很明显。

以儒家文化为代表的中国传统文化对人类近代文明做出过重大贡献。明清之际，欧洲的耶稣会士把中国当时的主体文化——以程朱理学为代表的儒学，传播到17—18世纪的欧洲，并激发出延续百年的中国文化热；而儒家思想与意大利文艺复兴以来所形成的欧洲新思想相结合，则成为欧洲启蒙思想的一个重要思想渊源。法国启蒙运动的领袖伏尔泰（1694—1778）是中国儒学在欧洲最有力的鼓吹者，他和"百科全书派"[22]把中国儒学作为一种思想武器，反对神权统治下的欧洲君主政治，为启蒙运动清扫道路；程朱理学则成为德国哲学家莱布尼茨（1646—1716）创立古典哲学的依据，并被用以反对罗马教廷的启示神学；被称为"欧洲孔子"的魁奈（1694—1774），以儒学为根据，开创了近代欧洲政治经济学的新纪元，为英国古典政治经济学的形成与发展，奠定了理论基础。可以说，以儒学为代表的中国传统文化，曾经是17—18世纪欧洲资本主义社会形成和发展的一种精神动源。而改革开放的中国也再次向世界说明：中国的传统文化不是现代化的精神阻力，而是一种巨大的精神动源。

22　18世纪法国启蒙思想家在编纂《百科全书》的过程中形成的派别。

第十章

三秦文化

◇ Chapter 10 ◇
Legal Culture of Shaanxi

中国法文化源远流长。公元前221年,秦朝的"礼治"创造了中国特色的法律,形成中华法系的雏形。至盛唐,各项法律制度趋于成熟,自成体系,与欧陆法系、英美法系、伊斯兰法系、印度法系并称"世界五大法系"。

拥有"八百里秦川"的三秦大地,是一块文明的"活化石",一部无字的法史书。它既是中华文明的发源地,又见证了多个历史朝代的更迭和法律的变迁。翻开其厚重的历史,追根索脉,一部微缩版中国法律史,条理分明。

◇ 陕北信天游 ◇

陕西省，简称陕或秦，又称三秦，位于中国西北部。20多万平方公里的丰饶土地纵跨黄河、长江两大流域，是新亚欧大陆桥亚洲段和中国西北、西南、华北、华中之间的门户，周边与山西、河南、湖北、四川、甘肃、宁夏、内蒙古、重庆8个省市自治区接壤，是国内邻接省区数量最多的省份，具有承东启西的区位之便。

摇篮 陕北地区是中国黄土高原的中心，包括榆林、延安两市。黄河由府谷县北折向南流，萦回曲折，在东部形成与山西省的天然分界。洛河、延河、大理河等诸多水系潺潺汇通于此，桥山、子午岭、雕阴等诸多山脉横亘其中。滋养于黄土高原的陕北文化具有粗犷、豪放和开放的特性。这里山川秀美可入画，民风淳朴可入诗，各族人民聚集于此描绘了一幅民族融合、宽广包容的壮丽画卷；这里是豪情万丈、刚毅进取的代名词，多次成为农民起义的策源地，是红色革命的根据地和新中国的摇篮。

民歌 陕北民歌是最能反映这种高原特质的一种表现形式。以信天游为例，它的传唱之境，本身就是一片广漠无垠的黄土高原：千沟万壑、连绵起伏、苍茫恢宏而又深藏着凄然与悲壮；清峻刚毅而又饱含着沉郁与顿挫。信天游的节奏大都十分自由，旋律奔放而开阔，扣人心弦、回肠荡气，这同沟川遍布、黄土皱褶的陕北地貌有很直接的关系。在当地，人们习惯于站在坡上、沟底远距离地大声呼叫或交谈。因此歌唱时常常把声音拉得很长，在高低长短间形成了自由疏散的韵律。信天游的曲调悠扬高亢、粗犷奔放、韵律和协,不加修饰地透溢着健康之美,高度集中地展示了高原的自然景观、社会风貌以及陕北人的精神世界。

◇ 陕南八大件 ◇

陕南地区从西往东依次是汉中、安康、商洛三个地区。北靠秦岭、南倚巴山,汉江自西向东穿流而过,构成了高山峡谷以及冲积平原的多样地形地貌。此地气候湿润,风光旖旎,具有明显的南方地区特征,与陕西另外两大地形区——关中平原和陕北高原形成巨大反差。

重峦叠嶂、交通险峻的陕南芳草凄美,落英缤纷,这里没有兵荒马乱,也没有沽名钓誉,俨然"世外桃源",因此战乱一起或者官场失意,这里便成了历史后院、修身养性之所,各地百姓皆愿退隐存身于此。天南海北之人的迁居使陕南文化由内而外流露出一种丰富性。

"秦风楚韵"的商洛既有南北过渡的气候条件,又有秦楚文化融合的人文特征,其北部的方言接近陕西官话,而西部、南部各县方言则比较多,有下湖话、客家语、江淮话、西南官话等,呈现出南北方言和文化荟萃的特点。陕南文化丰富性的一大代表当推颇具地方特色的饮食。安康的"八大件"可谓民间的"满汉全席"。据传说,明末清初,中国全国大移民,南方居民流落安康,形成南北人群混居的格局。随后安康人口大增,百业兴旺,朝廷派巡抚察视。为谢皇恩,名门望户都想请巡抚大人吃家宴，知府遂命城中的高门大户各以一凉一热精美菜肴奉上，每八户为一组，凉热菜各八件，这样既品尝了南北美食，又让各家各户都有了机会。这就是后来人称的"八大件"。

吃"八大件"极有讲究："四荤四素，中间上醋；上青下白，角荤边素。""八大件"上席正中必须放叶青的菠菜，左右两边分别为卤猪耳朵和酱香牛肉，左边正中为炝菜，右边正中为卤魔芋，下边正中一定是莲藕，一边为白河变蛋，一边为酸辣鸡胗。摆法也有规矩，即上青下白，四角为荤、四边为素；青叶在上代表青天，莲藕为根代表大地。这实际上是为了体现尊天敬地的思想。

◇ 关中要地 ◇

关中地区位于陕西省中部，是陕西最富足的地方，也是中国最早被称为"天府之国"的地方，包括西安、宝鸡、咸阳、渭南、铜川五市及杨凌区。东西长300公里，平均海拔约500米，西窄东宽，号称"八百里秦川"。

渭河[1]由西向东横贯关中平原，其干流及支流均有灌溉之利。中国古代著名水利工程如郑国渠、白渠、漕渠、成国渠、龙首渠都引于此。关中平原自然、经济条件优越，是中国历史上农业最富庶地区之一。

1　古称渭水，黄河的最大支流，全长818公里。

关中也是中华民族主要发祥地之一。100万年前,蓝田人在这里栖居;20万年前,渭河北岸又散落着大荔人的部落;2万年前,氏族公社时期的新石器文化同样于此留下遗迹;5000年前,渭河文明有了新的发展,炎黄部落崛起,自此中国摆脱蛮荒,渭河文化传向东方。从西周至唐的约2100年间,这一地区一次次成为西周、秦、西汉、新莽、前赵、前秦、后秦、西魏、北周、隋、唐等王朝的建都之地。频繁的政治活动和中外商贸活动使得关中文化不仅如陕北文化、陕南文化一样保持着开放性和丰富性,而且呈现出时间上愈加持久、发展上愈加有力的特点。

进入封建社会之后,鉴于关中地区作为政治、经济要地的战略地位,各民族移聚于此。西晋末的"永嘉南渡",鲜卑、匈奴、羯、氐、羌"五胡"南下,使得关中长期处于民族大迁徙和文化大交融的格局中。斑斓多彩的各民族文化在这里激荡、融合,大大增强了当地文化的包容性和开放性。

国际文化的长期交流形成了关中文化雄浑博大的气魄与胸襟。汉通西域之后,关中的长安成为丝绸之路的起点,东西方文化碰撞和交汇的枢纽。关中地区成为当时中国对外交往的"窗口",也是中国最先吸纳、消化域外文化,并在此基础上进行文化再创造的地方。例如,佛教作为一种外来文化,就是首先传入关中的长安地区,并在此经过中国传统文化的洗礼,完成了其"中国化"和"化中国"的进程。如今大雁塔雄风犹在,见证着此地敢为人先、放眼天下的历史。

◇ 东有长安 ◇

三秦大地的千年建都史,起点在长安。昔日长安,即今日西安,建城距今已3100多年。早在汉唐时期,就已经是中国政治、经济、文化和对外交流的中心,是当时人口最早超过百万的国际大都市,人称"西有罗马,东有长安"。今天,她与雅典、开罗、罗马仍并称为"世界四大文明古都"。

三秦法源 中国法文化,就是在这片三秦大地上发源、发展并不断完善走向成熟,影响了中国,也影响了世界。

公元前221年,秦王嬴政统一天下,定都咸阳,建立了中国历史上第一个统一的、多民族中央集权制国家。中国传统法文化进入"法治"时代。

早在战国时期,秦孝公根据形势的需要,推行改革开放,引进人才,特别是重用商鞅,实行变法,使秦文化形成重法制、轻伦理的特征。

商鞅变法使秦国走上了富强的道路,成为中原之霸主。秦国历代有作为的君主,无不把颁布法律当作治理国家的首要任务,最著名的莫过于秦始皇的一系列立法措施。初并天下,他便立刻统一度量衡[2],使"法令由一统"[3],并采取种种措施进一步完善法制。他命丞相李斯对原

---

2 指日常生活中用于计量物体长短、容积、轻重的物体的统称。
3 指全国不仅实行统一的法律,而且最高立法权属于国君。

有法律加以全面修订和补充，颁行全国。秦朝虽然只存在了 15 年，却造就了中华法系的正式形成，让中国传统法文化开始在世界法制史的星空熠熠生辉。

汉尊儒法 汉承秦制，长安为都，中华法文化史的舞台再次聚焦陕西。秦朝的灭亡，使国家统治者认识到依靠法家思想的统治难以维持长久。于是他们再次提出儒家伦理，并使其在汉代居统治地位。

汉代同样重视法制。汉高祖刘邦在攻进秦都咸阳以后，便与关中父老"约法三章"，"杀人者死，伤人及盗抵罪"。他还命萧何参承秦律，作《九章律》；命韩信定军法、张苍作章程，叔孙通定朝仪，即《傍章》十八篇。汉武帝时期又陆续修订旧律，颁布新律，合计六十篇，大致奠定了汉律的规模。

汉朝坚持"德主刑辅"的原则，即先用德、礼进行教化，教化无效再辅之以刑罚。法律实际上成为一种保证道德施行的强制惩罚手段。经过历代儒家学者与统治阶层的不断补充和发展，这种刚柔相济的仁政成为西汉以后历代王朝的治国之道，自此中华法系进入"礼法合治"期。

唐礼法合治 建都于长安的隋唐王朝，是古代中华文明的鼎盛时期，也是中国法史上的黄金时代。

儒家和法家思想指导下的"礼法合治"在盛唐的形成发展中起到了至关重要的作用。一方面，儒学的政治指导功能，尤其是其中的德治思想、民本观念、中和思维和教化理论，在君臣的积极贯彻实践下，深刻地落实到国家各项施政举措中，形成了政通人和、繁荣富庶、名垂千古的盛世。

另一方面，在推行儒家"德治"的同时，唐主也积极制定各项法律制度以应现实之需。这一时期中国的法律思想和法律制度已发展成熟，自成体系。代表性的法典就是保存至今的《唐律疏议》，它以儒家礼教纲常为指导思想，是礼法结合的产物，是中华法系完备的标志，代表着中国乃至世界封建法律的最高成就。

随着唐代国家间的经济文化交流频繁，唐律走出国门。东至日本、朝鲜，南至越南，西至西域，北至蒙古草原。朝鲜的新罗、百济及高丽太祖王建一代，越南（当时称安南）的李太祖、陈太宗及黎太祖，均模仿唐制订立了本朝法制；至于日本天智天皇时之《近江令》、文武天皇时之《大宝律令》、元正天皇时之《养老律令》，更是模仿唐律的代表性法律。唐律推进和带动了周边地区法制文化的发展，对世界法制文化的发展发挥了巨大的作用。

◇ 三秦法天下 ◇

三秦人具有"尚德、崇礼、重法、有情"的美德，并在此基础上孕育出中华法文化的精神——"德字当先""礼法结合""融情入法"。

明德慎罚 秦地"尚德"之风源自周朝。"德"字是周公在吸取商朝灭亡的教训上反思而来的。从这种见解出发,他进一步提出了"明德慎罚"刑事立法指导思想,其包含"推行德政"和"慎用刑罚"两重含义,提倡在德教基础上谨慎执法。在中国法文化史上,这是第一次把道德和刑罚结合起来,形成了中国传统法文化的一大特色。

关于"慎用刑罚",周公认为:即便一个人所犯的罪不是那么严重,但是如果是故意的、经常性的犯罪,那么也要按照当时的法律规定进行严肃的处理;反之,如果一个人所犯的罪行比较严重,但是他的犯罪是过失犯罪或主观上的恶性不大,那么应该从宽处罚,给人以改过自新的机会。

在定罪量刑上,周公坚持:7岁以下,80岁、90岁以上的人犯罪,不处以刑罚。这一原则的确立标志着刑法中关于刑事责任年龄原则已初步确立。他还主张慎重量刑,不要匆忙定罪;他反对西周之前株连到家人和族群的刑事执法,提出"罪止一身"的法律主张。

"慎用刑罚"的另一个体现:用刑不可偏重,也不可偏轻,要使刑适其罪。清嘉庆年间,陕人王杰担任礼部尚书时请缨主审先帝宠臣和珅,他秉公执法,按照和珅犯罪的事实,判处死刑并没收家产。面对如此的审判结果,朝廷大小官员对王杰的这种执法行为深表钦佩。

明德无讼 周公"明德慎罚"法律思想对先秦诸子思想都有影响,特别是儒家思想。儒家所倡导的"明德无讼"的法律观念就是在此基础上形成的。

"明德无讼"的最高境界乃儒家所倡导的"大同世界"。"大同世界"是一个人民生活安康、社会秩序和谐的无纷争社会。为了达到这一目标,就要在推行强调德化教育的同时,用各种手段来消弭纷争,古代中国社会运用各种方式来试图实现这一目标。

首先,家族内的家长或宗法组织内的族长有解决纠纷的权力。其次,封建统治者认为,通过德行教化、重惩顽民、严惩兴讼之人的政策也可以达到"息讼"的目的。再者,吏治方面,统治者通过提倡"政简刑清"的官吏考评制度,为官吏们"息讼"提供动力支持。

因为无讼,所以无争,"人类的大同"是中华祖先普遍抱持的理想,也是中华文化一以贯之的基本立场。在这样的社会主流意识影响下,"无讼"思想在民众之间表现为系统完整的调解制度——民间调处、宗族调解、乡治调解。

需要指出的是,"明德无讼",不是指没有或者说不需要诉讼,而是在"德"的前提下把"无讼"作为一种理想的司法境界加以追求,它并不排斥诉讼的存在。

◇ 礼法融情 ◇

中华法系在"德"的基础上,又融合了儒家和法家思想——"引礼入法""礼法结合",使中国法律制度逐渐走向成熟。

礼法结合 三秦自然条件优越,农耕经济发达。自给自足的生产方式使三秦人民热爱并眷恋这片肥沃的土地,并在此基础上形成了"崇礼"的民俗文化。

"礼"是中国传统文化的核心,调整着人与人,人与天地、宇宙的关系。它的进化和发展是一个循序渐进、因袭变革的过程。传统"礼"文化,经过西周时的周公制礼,得以系统化、规范化。先秦儒家继承周制,将"礼"作为调整"五伦"(君臣、父子、兄弟、夫妇、朋友)关系的行为准则。汉代董仲舒将"礼"之精神概括为"三纲"(君为臣纲、父为子纲、夫为妇纲),并以此作为立法的指导思想。

礼与法在古代中国都具有调整社会秩序,规范人们行为的功能,这为二者的结合提供了可能。经过漫长的"引礼入法""礼法结合",二者形成了一个有机的整体,其中,礼为主导,法为准绳;以礼入法,使法律道德化,兼顾止恶和劝善;以法辅礼,使道德法律化,出礼而入于刑;礼与法之交融体现了亲情义务与法律义务之统一,是中华法系最主要的传统和特征。

融情入法 就普遍性的"人之常情"而言,传统文化认为,法律和政

秦兵马俑,再现了秦帝国时期军队森严的等级制度。

策都需要理解人的自然情感和需求，不能不讲人情，要尽量满足正常人情、民情的基本需求。这样的观念被一代又一代贤能的治国者和杰出的思想家所继承。秦人第五访放国库之粮以济世的故事就是对"忧民之忧"的最好诠释。

四海荟萃 三秦文化受建都于关中的影响，早期表现出"开放进取、融合荟萃、多元共存"的大国风范。在中国的历史上，有11个政权建都关中，仅长安一地建都时间就达1225年。

国都所在地总是开风气之先的地区，各类重大国内外文化活动差不多总是发轫于此。以汉代为例，汉武帝后期推行"代田"的新耕作法，也是首先在京畿之地进行试验，然后普推到其他地区。

国都之地也是各类精英人杰的荟萃之地。有志之士满怀着希望与憧憬，采取各种办法，通过不同渠道，奔赴国都，为三秦文化增添了丰富多彩的内容。

汇集于国都地区的，不惟有"人"，还有"物"。自汉代"开玉门，通西域"之后，以唐代尤为丰富。据美国学者谢弗研究，唐时舶来品的分类目录，除"人"之外，还有家畜、野兽、飞禽、毛皮和羽毛、植物、木材、食物、香料、药物、纺织品、颜料、矿石、宝石、金属制品、世俗器物、宗教器物、书籍等17种之多。

自守解体 三秦大地地处中国内陆，地形较为封闭。发达的农业经济又使其具备了自我发展的能力，形成独立自守的发展模式。因此，在这种较为封闭的地理环境影响下的三秦文化不可避免地具有保守性。唐代之后，国都迁出三秦，国家的政治、文化的中心逐渐向东、向南移动。三秦文化的中心影响力逐渐减弱，昔日的进取开放精神逐渐消失，闭塞保守的特征日益突出。

在三秦文化环境中孕育成长起来的中华法系在后期也表现出这种"守"的特质。在三秦这个"自守"系统中，法律之手无法自由向外伸展，最终无法适应现实的需要，走向解体。

◇ 情理本位 ◇

法律文化离不开传统文化的浸润与滋养。中国法律文化的"德、礼、法、情"与"开、融、多、守"等诸多特征都可纳入中国文化的重要内核之一——"情理"的范畴。中国传统文化中的"情理"可以被理解为"中国式的理性和良心"，是中国人面向"人之常情"的为人处事标准，是"情"与"理"的辩证统一。

"情"有三义 中国人自古多重情。中国人的字典里，"情"有三义：人情、民情和族情，三者依次递进，相辅相成。

每个中国人都很注重自身在所处人情圈内的温暖；体"民情"即"以

人为本",人本主义的精神始终渗透贯彻于中国法制之中;在族情方面,中国对他者文化的兼收并蓄、以礼敬之是显而易见的。

中国文化的包容自然促成了中国传统法律自始至终能包容各民族法律于一身的特性。虽然清末中华传统法系逐渐解体,但其开放谦容的态度却从未消失,而是以与时俱进,顺势而为,集国内外各家法律之精华,不断摸索适合本国国情的法律来发展新模式。比如,当中国恢复对香港、澳门行使主权时,并没有破坏当地的既有法律系统,而是形成了内地与港、澳双法域的新格局。

"理"具二元 中国文化不仅有"情",还闪烁着"理"的光辉。中国之"理"有抽象和具体的高低两元分层。抽象层位于高层:"天理";具体层位于低层:"法理"。"情"则夹在二者中间。

当儒家之"情"和法家之"法理"发生矛盾时,中国社会提倡应该诉诸高层的"天理"。"天理"是人们凭其良知而共同认识的,亦称"常理"。

中国的"正义"之"天理"与西方不同,在决定一事是否合乎"正义"之时,常要考虑此事件的背景、当事人和相关人的情感和心意、法律的规定以及常识、常理等因素。

此外,中国人还讲究"和谐"之"天理",重视人与人之间融洽相处,并为共同的目标而合作、努力。红尘俗世中的人际难免有摩擦、争议，所谓"和谐"，是要求当事人经由一套程序，从自我检讨起，再经由可信赖的第三方的介入，一起来探求事实真相，然后将此事实、人情、法律和常理综合起来考虑，以求得一个平衡。

"和谐"与"正义"并不是互斥的观念，而是互为补充。"正义之和谐"思想衍生出了"凡事没有绝对的黑白是非"的观念。就这样，中国人在这一观念的影响下构筑了独具中国特色的和谐社会。

第十一章

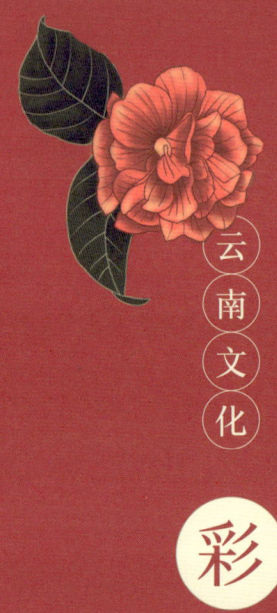

云南文化

彩

◇ Chapter 11 ◇
Color of Yunnan

中国云南，几乎所有风光、所有物种、所有资源、所有民族都能在这里找到。

这里，一山四季、百里不同俗；这里，有人间天堂香格里拉；这里，有生活在170万年前的原始先民元谋人及其文化遗迹；这里，有世界文化遗产——丽江古城、三江并流、红河哈尼梯田……这里，有世界非物质文化遗产——蒙古族的长调、维吾尔族的十二木卡姆……这里，有历史文化名城——昆明、大理、丽江、腾冲、石屏……云南，堪称中国环境多样性与文化多样性博物馆。

◇ 多样性博物馆 ◇

云南，位于中国西南边陲，是东亚、东南亚与南亚的自然结合点。这里，有低海拔地带的绮丽风光，又有温带、亚热带的秀美景色，还有高海拔雪山森林的雄壮风景；东部以高原湖光山色和喀斯特景观为特色，孕育着各种类型的岩溶地貌；西部为横断山脉纵谷区，以山高谷深、风景奇险为特征。

一山四季 特殊的自然地理环境，垂直变化、复杂多样的地形地貌为云南带来了寒、温、热三带气候并存的立体气候，"一山分四季，十里不同天"，"东边日出西边雨，四季服装同穿戴"。夏季，云南最高平均温度为19℃~22℃；冬季，最低平均温度为6℃~8℃，年温差不超过16℃。但是，这里一天之内的温度变化较大，早凉、午热，阴雨天时气温较低。在冬、春两季，日温差可达12℃~20℃。

自然王国 独特的地理位置、复杂的地形地貌、多样的气候条件，造就了丰富的物产资源，也造就了云南寒、温、热带动植物交汇的奇特现象。随着海拔的升高，云南的植被相应地也呈现出立体的植被分布格局，从常绿阔叶林与人工植被，到常绿阔叶林、常绿阔叶落叶混交林、针阔叶混交林，最后是亚高山灌丛草甸、高山针叶林、高山草甸和亚冰雪植被等。立体分布的植被中栖息着种类繁多、极其珍贵的野生动物，云南拥有脊椎动物1 737种，占中国的58.9%。此外，云南矿产储量大、矿种全，其中最大的矿产优势是有色金属。云南有着"植物王国""动物王国""有色金属王国"之称。

民族博物馆 云南是中国少数民族最多的省份，堪称"民族博物馆"。根据 2010 年全国第六次人口普查统计数据，云南总人口为 4596.6 万人，其中少数民族人口 1533.7 万人，占全省总人口的 33.37%。其中，哈尼族、白族、傣族、傈（lì）僳（sù）族、拉祜族、佤族、纳西族、景颇族、布朗族、普米族、阿昌族、怒族、基诺族、德昂族、独龙族共 15 个民族为云南特有。

在漫长的历史长河中，云南各民族在饮食、服饰、民居建筑、语言文字、文学艺术、风俗习惯、节日、宗教等方面逐渐形成了丰富多彩、底蕴丰厚的民族文化传统，并共同繁衍生息在这片古老而又神奇的土地上。

◇ 食草虫竹米 ◇

与地形地貌、气候条件及物产资源的立体分布相吻合，云南少数民族的生产方式也呈现出立体分布的格局：河谷稻作农业、高原湖滨和平坝农耕、山区半农半牧、高山游耕，以及以采集渔猎为主、刀耕火种为辅的原始经济等多种生产力发展水平不同的生产方式并存。

野食 特殊的地理和气候条件决定了云南可食用的物种资源非常丰富。少数民族菜肴无论取材、做法，还是吃法上，都大大区别于汉族。野生蔬菜是云南少数民族的日常和季节性的主要蔬菜，傣族、哈尼族、拉祜族、布朗族等食用的野生蔬菜种类达到 40 多种。野荠菜、水蕨菜、树头菜、芭蕉花、水香菜、苦凉菜、鱼腥草等是最具民族特色的野生菜。不仅如此，在云南，花、草、虫、鸟皆可入菜。"花宴"是云南美食中的一绝，小虫子里也蕴涵着高蛋白和丰富的营养。

竹筒饭 西双版纳产竹，居住在这里的傣族人外出劳动或探亲访友需在野外用餐时，往往只带米不带锅，到了该煮饭的时候，就在水边淘好米，砍下手臂粗的几节竹筒，留一个节做锅底，另一个节砍开做锅口，将米和水放入竹筒，开口一端用竹叶塞紧，把竹筒架在火堆上斜靠着烧。由于竹筒是现砍的，含水分多，里面又装满了水，再加上不断翻动，所以不会烧着。等到米香和竹叶的清香四溢时，撤掉火，让余烬烧干水分。吃时用刀把烧糊的外层劈掉，留下一层薄薄的竹衣，边撕边吃。佐以自家做的酸味腌菜，帮助消化糯米。

◇ 着风花雪月 ◇

与饮食一样，云南少数民族艳丽多姿、各具特色的传统服饰也是各个民族千百年来适应自然、亲近自然的产物，蕴含着深厚的历史感。

白族服饰 白族崇尚白色，服饰以白色为主色。女子服饰大多红白相间，对比鲜明、色调明亮。上装及头饰较为复杂，头饰寓意隽永，代表了"风、花、雪、月"：垂下的穗子代表"下关风"，艳丽的花饰是"上关花"，帽顶的洁白是"苍山雪"，弯弯的造型是"洱海月"。下身裙装比较简单、朴素。年轻姑娘的服饰较为艳丽，年长女子的服饰崇

绮丽多彩的民族服饰和纷繁精美的银饰构成了云南的多姿多彩。

尚淡雅。"苍山绿，洱海青，月亮白，山茶红，风摆杨柳枝，白雪映霞红"，正是对白族服饰的真实写照。

傣族服饰 傣族生活在热带、亚热带地区，气候温热、山林茂密、物产丰富。傣族服饰也充分体现了这些地理特点，既讲究实用，又有很强的装饰意味。傣族各地男子的服饰差别不大，一般以白布、水红布或蓝布包头，上身常穿无领对襟或大襟小袖短衫，下身穿长管裤。而傣族妇女的服饰因地区不同而有所差别：西双版纳的傣族妇女上身穿各色紧身内衣，外罩紧身无领窄袖短衫，下身穿长及脚面的彩色筒裙，并用精美的银质腰带束裙；德宏一带的傣族妇女，一部分也穿短上衣大筒裙，另一部分则上穿白色或其他浅色的大襟短衫，下着长裤，束绣花围腰，婚后改穿对襟短衫和筒裙；新平、元江一带的"花腰傣"，上穿开襟短衫，下着黑裙，裙上以彩色布条和银泡装饰，缀成各式图案。傣族人还常将孔雀和大象的图案编制在筒裙、包布等服饰，以及被面、垫单、窗帘、手巾等日用品上，每种图纹色彩都被赋予了具体内容。

佩戴银饰 云南银饰的佩戴，以女人和孩子为主。云南女人佩戴的银饰，是她们身份的体现，也是人生这一阶段极明显的标志。或大或小的帽饰、包头饰、头花、耳环、项链、胸饰、手镯、手链、戒指、腰带、银泡、银铃、银币和脚镯等，让人目不暇接。各少数民族佩戴的银饰又可分为繁饰和简饰两种风格，其中藏族、佤族和景颇族尤喜繁饰。而与少数民族服装一样，"头重脚轻"是所有少数民族银饰佩戴的共同点，从头到脚由繁入简，是为了赤脚下田干活时方便。

◇ 依山顺水居 ◇

云南少数民族的分布，总体可以概括为大杂居、小聚居，交错分布。与云南的立体地形、立体气候相联系，云南少数民族也呈现出比较明显的立体分布格局。随着各民族所处的自然环境和文化观念的不同，云南民居建筑风格差异甚远。

傣族民居 在西双版纳傣族聚居区，干栏式建筑（俗称"竹楼"）是典型的民居建筑形式。这种建筑用木或竹做桩、楼板和墙壁，用茅草和瓦块覆盖房顶。建筑分为上下两层，上层住人，下层养家畜，也可堆放农作物。这种建筑形式与傣族聚居区的生态环境密不可分。西双版纳天气炎热，无四季之分，年平均温度可达 21℃，且降雨量充沛。炎热、潮湿的气候，加上该地区盛产竹材，傣族人便就地取材，用竹子建造"竹楼"。

白族民居 建筑内部庭院多有讲究，往往根据住家的富裕程度而有所不同，大体上有四种形式：两幢楼房互相垂直，交叉处有一耳房；三幢楼房，主房对面为照壁；有四幢楼房，每一处交叉点都有一耳房；有两个大院，每院三幢楼房，各方的楼廊彼此相连，通行无阻。白族民居中的照壁是一种装饰性的建筑，象征了吉祥、福禄与安康，体现了房屋主人的意愿与企盼，堪称精美的艺术品。

纳西民居 纳西族建筑融合了古代中原和白族民居之所长，形成了自身古朴典雅的独特风韵。纳西民居大多为土木结构，常见的民居形式是三幢楼房，主房对面为照壁。家家房前都有宽大的"厦子"（即外廊）是纳西民居最显著的特点。"厦子"是纳西民居的重要组成部分，因为云南气候宜人，所以纳西族人把一部分房间的功能，如吃饭、会客等搬到了"厦子"里。

彝族民居 因住宅地盘和外观方整，彝族民居被称为"一颗印"。其最常见的形式是子房三间，耳房东西各两间。由于地处山区，居住地方小而潮湿，所以子房常为楼房；为了节省用地、改善房间空气并享有阴凉，采用了小天井；同时为了挡风沙和防火，采用了高墙型小窗。

总体上，云南少数民族民居，大多就地取材，与周围环境紧密融合，并常常具备通风、透气、透光、保暖甚至冬暖夏凉、防潮、抗震等功能。

◇ 民族文艺库 ◇

云南，是少数民族色彩斑斓的民间文学艺术宝库。在云南，不同的少数民族拥有不同的语言和文字，也拥有自身历史悠久的文学、历法、经书等典籍。同时，能歌善舞也是他们的一大特色。

民族文学库 在云南人口 5 000 人以上的 25 个少数民族中，除回族、满族、水族使用汉语外，其余 22 个少数民族使用着 26 种少数民族语言（景颇族和瑶族各有两种语言，怒族有三种语言）。这 26 种语言分属汉藏、南亚两大语系的四个语族八个语支。一些民族语言有传统的文字，如藏、蒙古、傣、彝、景颇等，其中藏文、彝文等文字已有1000多年的历史；一些民族语言在中华人民共和国成立后使用新创制的以拉丁字母为基础的拼音文字。而用这些少数民族语言文字写就的文学、历法、经书等典籍，也是中国文化宝藏中一颗颗光彩夺目的明珠。

东巴文 创始于唐代，距今有1000多年，是纳西族的文字。"东巴文"是一种兼备表意和表音成分的图画象形文字，其文字形态比甲骨文还要原始。"东巴文"大约有1400多个单字，至今仍为东巴研究者和艺术家所使用，被称为世界唯一存活着的象形文字。用"东巴文"书写的《东巴经》，流传至今的有2万余册，记载内容涉及方方面面。2003年，东巴古籍被联合国教科文组织列入世界记忆名录，并进行数码记录。

阿诗玛 彝族文字同样有1000多年历史。用彝文记录的古老的彝族撒尼支叙事长诗《阿诗玛》，被撒尼人称为"我们民族的歌"，是撒尼人日常生活、婚丧礼节以及其他风俗习惯的一部分，并被译成20多种文字在国内外发行。如今，"阿诗玛"已经成为彝族女子的代称。

民族创世史 对宇宙、万物和人类本身起源和演化的探索，使各少数民族以大胆的想象创造出了各种极为生动的神话或史诗。云南少数民族的创世史诗大概有20多部，如彝族的《梅葛》、纳西族的《崇搬图》、拉祜族的《牡帕密帕》等等，这些创世史诗大多数以颂唱的形式流传。

丽江壁画 有"国之瑰宝"之称，分布在白沙、大研、束河、中海、漾西、雪嵩等村镇的 10 多处寺庙中。这些壁画多数是明永乐至万历年间（1403—1620）陆续兴建、绘制的，少数为清代重修时改绘。现存规模最大的丽江壁画在白沙的大宝积宫，在 12 面壁画上，有道教、佛教的神佛像，也有喇嘛教的密宗佛像，并有汉、藏文的款识。除宗教题材外，丽江壁画也反映了当时纳西族社会的一些生产和生活情况。

民族艺术库 云南也是中国西南边疆的一座"民族音乐舞蹈艺术宝库"。其歌舞艺术种类繁多，仅演唱艺术就有：蒙古族的长调、维吾尔族的十二木卡姆、哈萨克族的阿肯弹唱、回族等民族的花儿、壮族的山歌等几十种。舞蹈艺术有：维吾尔族的手鼓舞、蒙古族的安代舞、土家族的八宝铜铃舞、朝鲜族的长鼓舞等数百种。其中，蒙古族的长调、维吾尔族的大型音乐套曲"十二木卡姆"等，被联合国列入世界非物质文化遗产名录中。

纳西古乐 起源于公元 14 世纪，是云南最古老的音乐，驰名中外，也是中国乃至世界最古老的音乐之一。由《白沙细乐》《洞经音乐》和《皇经音乐》组成。目前保留下来的只有《洞经音乐》部分。

对歌 "对歌"是许多云南少数民族青年传统的恋爱方式和节庆方式，少数民族青年男女通过"对歌"交流感情、寻觅配偶。如苗族的"游方"，瑶族的"唱风流"，布依族的"浪哨""赶表"等。对歌时，青年男女在当地流行的词曲基础上，根据环境和对象随机应变，现场编排对歌内容，对答妙趣横生。

舞彩纷呈 云南不同少数民族有着各自不同、各具特色的舞蹈，这些舞蹈大多展示着图腾、丰收和恋爱等内容。"霸王鞭舞"是白族具有鲜明特色的民间舞蹈。以"孔雀舞"闻名于世的杨丽萍，正是来自云南大理白族。不仅白族，云南其他少数民族也都天生有着对舞蹈的热爱，如藏族、彝族、纳西族和普米族等民族擅长的"锅庄舞"和"左脚舞"；佤族青年妇女的"甩发舞"；傣族的"花腰舞""宫廷舞""长甲舞""金刚舞"和"蜡条舞"；哈尼族的"木屐舞"等，异彩纷呈。

◇ 民俗宗教 ◇

云南文化，处在三大文化地带——中原汉文化的西南边缘、青藏文化的东南边缘和东南亚小乘佛教文化的北部边缘——的交汇叠合点，历来就是中国中原文化与藏文化、南亚及东南亚文化交流的重要走廊。各少数民族在保持自身民族传统的同时，也在不断地消化吸收汉族以及其他少数民族甚至异域文化。

女儿国 生活在泸沽湖畔的纳西族摩梭人，至今还保留着中国唯一存在的母系氏族社会，因此那里也被称为"女儿国"。在摩梭家庭中，主持家政的是家中年纪最大、最有威信的老祖母或母亲，又有"舅掌礼仪母掌财"的制度。摩梭人实行男不娶、女不嫁的"走婚"习俗，当地称作"阿夏婚"。"阿夏"是"朋友"的意思，只要男女双方情投意合，交换信物之后即可结为情侣关系，男女双方不称夫妻，而叫"阿夏"。夜里男方到女方家中探访留宿，第二天天亮回到自己家中，不同吃不同劳动，无家庭经济联系，所生子女归女方，血统世系按母系计算。

家族公社 独龙族则实行以家族公社为中心的原始共产制。共同生产、共同占有生产生活资料。家族长负责自理协调，族人共耕，儿媳轮流煮饭，吃饭时由主妇按人头平均分配。族人之间亲善友爱，路不拾遗、夜不闭户。

云南各个少数民族都有许多本民族的传统节日——宗教祭祀性节日、生产活动性节日、纪念庆祝性节日和社交娱乐性节日等，这些节日及其各式庆祝方式共同丰富了云南多彩的民族风情。

火把节 是彝族、基诺族、拉祜族等民族古老而又重要的传统节日，被称为"东方狂欢节"。不同民族举行火把节的时间也不同，大多在农历六月二十四。彝族火把节一般历时三天三夜，分为祭火、传火、送火三个阶段：第一天点燃圣火，由彝族民间祭司毕摩诵经祭火，人们从毕摩手里接过用蒿草扎成的火把，游走于田边地角，以火驱虫；第二天举行各式各样的传统节庆活动，如赛马、摔跤、唱歌、斗鸡、跳舞、选美等；第三天是火把节的高潮，夜幕降临时，人们手持火把竞相奔走，最后将手中的火把堆成巨大的篝火，欢乐的人们聚在篝火四周尽情地唱着，跳着……

三月街 又称"观音市"，是白族盛大的传统节日和街期。每年农历三月十五起，在大理城西的点苍山脚下举行，为期五至七天。每逢三月街时，街上人山人海，商贸云集，货物琳琅满目，人们按照传统习惯，白天进行贸易，晚上在宿营地唱歌跳舞，举行节庆活动，场面热闹非凡。

泼水节 又名"浴佛节"，是傣历新年，举办于四月中旬，为期三至七天，已有700多年历史，是傣族最隆重的节日，也是云南少数民族节日中影响最大，参加人数最多的节日。节日清晨，傣族男女老少穿上节日盛装，挑着清水，先到佛寺浴佛，然后就开始伴着鼓锣之声互相泼水，互祝吉祥、幸福、健康。泼水节期间，傣族青年喜欢到林间空地玩"丢包"游戏。用漂亮的花布做成的花包是爱情的信物，青年男女通过丢包、接包，互相结识。丢包时穿插歌舞、野餐等活动。此外，泼水节期间还要进行划龙舟比赛、放河船、跳象脚鼓舞和孔雀舞、斗鸡等活动。

三朵节 也叫"三多节"，举办于农历二月初八，是纳西族最盛大的传统节日，也是纳西族法定的民族传统节日。节日是为了祭祀纳西族的保护神——"三朵神"，"三朵"为玉龙雪山[1]之神灵。除了祭拜活动外，节日当天还要举行各种文娱活动，而且节期正值春季，故"三朵节"又成了纳西人民踏青游春的节日。如今三朵节，已成为丽江最隆重的大型民俗文化盛会。

---

1 北半球最南的大雪山，南北长35千米，东西宽13千米，面积为960平方千米，高山雪域风景位于海拔4000米以上。

盘王节 举办于农历十月十六，为期一般三天两夜，也有的长达七天七夜，是瑶族人祭祀其始祖盘王（龙犬盘瓠）的盛大节日，距今已有1700多年历史。节日当天，瑶族男女老少都要穿上本民族的节日盛装，用吟唱、祭酒、舞蹈、上香等形式来祭祀盘王先祖，追溯历史。今天的盘王节已经逐步发展成为庆祝丰收的联谊会，青年男女则借此机对歌，以歌抒情，寻觅意中人。

石宝山歌会 据考证，石宝山歌会已有上千年历史。会期从农历七月二十七开始，为期三天。每逢歌会，剑川及邻近的大理、洱源、云龙等县的数万白族青年男女及歌手就会穿着艳丽的白族服饰，云集在石宝山的石钟寺、宝相寺、海云居、金顶寺周围，以龙头三弦或吹树叶伴奏，唱着流行于大理白族自治州西北部的剑川白族调，借此表达自己内心的真挚情感。如今，石宝山白曲已被列入国际民族歌目，石宝山也被誉为"白族歌城"。

三月三 少数民族除了各自不同的特色节日以外，还与汉族又着共同的节日，如春节。此外，三月三，是汉族及壮族、侗族、瑶族、土家族等的共同节日，时间在农历三月三，是纪念轩辕黄帝[2]诞辰的节日。

宗教王国 云南是中国宗教类型最多的省份，佛教、伊斯兰教、基督教、天主教、道教、原始宗教等在云南均有信众，信仰宗教者约有

---

2 黄帝是中华民族始祖、人文初祖，中国远古时期部落联盟首领，传是说三月三日出生，现为广西壮族自治区的法定传统公众假日，全体公民放假两天。

403万人，其中90%以上是少数民族，堪称中国的"宗教王国"。

原始宗教 云南少数民族基本上都有自己传统的宗教信仰——原始宗教。它源于对自然物、灵魂以及神灵和鬼神的原始崇拜。原始崇拜，至今在一些少数民族中尚有遗存，如彝族崇拜火、傣族崇拜水、苗族崇拜枫树，以及白族的"本主崇拜"等。

佛教 藏族几乎全民信仰藏传佛教，即俗称的喇嘛教。在迪庆等藏区，有人居住的地方就有寺院和经幡。此外，蒙古、土、门巴、普米、纳西等民族也信仰该教。傣族、布朗族和德昂族几乎全民信仰上座部佛教，即俗称的小乘佛教，部分佤族也信仰该教。西双版纳是中国小乘佛教集中之地。佛教几乎成了这些民族精神文化的象征，对这些民族的方方面面产生了深刻而久远的影响。

伊斯兰教 回族、维吾尔族、哈萨克族、保安族、乌孜别克族、塔吉克族等民族主要信仰伊斯兰教，信徒称"穆斯林"。穆斯林几乎遍布云南全境，共约62万余人。在穆斯林居住较集中的地方建有清真寺，由阿訇主持宗教活动，主要典籍是《古兰经》。穆斯林有三大节日：开斋节、宰牲节（又称"古尔邦"节）和圣祭，所有节日都与信奉伊斯兰教有密切关系。

茶马古道 唐宋时期，因西南和西北边疆的"茶马互市"，茶马古道应运而生。茶马古道以川藏道、滇藏道与青藏道（甘青道）三条大道为主线，辅以众多的支线、附线，地跨川、滇、青、藏等省，并向外延伸至南亚、西亚、中亚和东南亚，远达欧洲，曾是中国西南民族经济文化交流的走廊。

如今，这条一千多年前由人畜共同踏出的茶马古道上，踢踏的马蹄声已渐渐远去，但"茶马古道精神"从未远去。新时期新形势下，中国的"丝绸之路经济带"和"21世纪海上丝绸之路"（简称"一带一路"）正蓄势待发。云南，是新时代"一带一路"的出发点、落脚点。

第十二章

上海文化

潮

◇ Chapter 12 ◇
Modern Shanghai

外滩,旧式的西洋建筑,与浦东现代的摩天大厦相映成趣;徐家汇大教堂的圣诗声,融入玉佛寺的袅袅香烟;沪剧、滑稽戏,与大剧院的交响乐、芭蕾舞同时登台;吴侬软语,与各地方言杂处……

这就是上海,一座极具现代化又不失中国传统特色的海派文化都市。

从古老的小渔村,到西方资本与风潮的涌入,到成为世界的"上海",上海的每一步发展,都记录着中国的历史脚步。上海在中国,也在世界,世界也在上海。

上海姓海

上海位于中国东部弧形海岸线的正中央，地处长江三角洲最东部。从春秋战国时期起，到宋代的渔村、元代的小镇、清代的港口，再到世界的上海，至今，上海已有720多年的历史。

上海之地源于海，上海之名取自海，由此生发的海派文化，自然姓海。

"海纳百川、追求卓越、开明睿智、大气谦和"，是海派文化的精神写照。上海吸引着中国各地、世界各地的人慕名而来，各种文化、各色人群在这座城市中相会、相聚、相击、相合，一天天、一代代，积累出上海包容宽厚的文化胸怀。

1843年11月，根据《南京条约》和《五口通商章程》的规定，上海正式开埠。中国的对外贸易中心逐渐从广州移到上海。外国商品和外资纷纷通进长江门户，开设行栈、设立码头、划定租界、开办银行。上海进入历史发展的转折点，从一个不起眼的海边县城开始朝着远东第一大都市前进。

上海的文化进程大致分为五个阶段。

酝酿期：1843年开埠前。此时的上海尚处于吴越文化圈，隶属江南文化。

生发期：1843年到1898年。上海开埠，开埠迅速推动了上海城市的近代化发展，也促使一种迥异于中国传统文化的新的文明形式在上海率先诞生。中国的上海逐渐成为世界的上海，一种有别于传统文化的上海新文化形态正在生成。

兴盛期：1898年至1949年间。上海成为中国文化中心，都市经济快速发展，市民社会初步形成，构成了现代化的文化产业和文化市场赖以生存的物质基础与社会基础。这时的上海是新文化和革命文化传播的中心，中西文化交流的中心，也是市民通俗文化的消费中心，"海派文化"由此诞生。

转折期：1949年至1978年。"文化大革命"导致上海的文化地位由中心到边缘，本土文化特色趋于平淡。

更新期：1978年改革开放以后，上海再一次成为东西方文化交流的中心。

海派文化以开放的姿态，在西方文明和中国传统文明之间，在精英文化和通俗文化之间，构建了一种兼容并包的文化形态，并潜移默化地铸就了上海人的文化习性——敢于打破成规，吐故纳新，广采博纳，勇站潮头敢为先。

◇ 西学东渐 ◇

上海是中国的浪头，引领着中国发展的潮流。近代上海是西学输入中国的最大窗口。

西学输入　戊戌变法前，中国输入西学的机构主要是墨海书馆、江南制造局翻译馆等九家，其中有七家设在上海。当时传入中国的各种西学书，近八成在上海出版。而深刻影响了中国科学发展的《几何原本》（后9卷）、《化学鉴原》、《谈天》与《泰西新史揽要》等科学书籍，则均在上海出版。戊戌变法后辛亥革命前，西学主要通过日本转口输入中国，当时全国共设有95家翻译、出版西书的机构，其中56家在上海。

在物质文化和制度文化层面上，上海也是西学输入的窗口。从煤气、电灯、自来水、电报、电话、洒水车到汽车、电车，从西装、西菜、咖啡到缝纫机、电风扇，从公历、星期作息制度到西式婚礼、妇女参加社交、图书馆、博物馆，从三权分立制度、警察制度、法庭辩护制度到道路行车规则、垃圾倾倒规定，上海都是西学输入的重要基地。

西学滋养下的上海人，总能超前看得远一些。当中国封建士大夫还在耻于与洋人交接、视学西学为崇洋忘祖之时，上海人已竞相将子弟送入洋学堂，上海的知识分子冯桂芬、王韬、郑观应等已经在鼓吹革新了。

传统出版中心　上海是中国传统文化出版中心。19世纪八九十年代，点石斋石印局、同文书局、拜石山房等机构，在中国文化典籍石印方面，取得惊人发展，著名的有《康熙字典》《二十四史》《全唐诗》等。20世纪初，商务印书馆等出版机构异军突起。到1925年，上海已坐拥出版中文书籍的各种书局、书庄、书社共121家，出版外文书的机构12家，有印刷所112家。"翰林搞出版，进士办报纸"，上海的出版机构和杂志，林林总总，精彩纷呈。《万国公报》《时务报》《新青年》都是在上海创办，进而影响全国。

现代教育中心 上海是中国现代教育的中心。它拥有一批名牌教会大学，如圣约翰大学、沪江大学；拥有一批知名度相当高的中等学校，如徐汇公学、中西书院、中西女中、上海中学；拥有中国人自办的老资格大学，如南洋公学；拥有中国第一个中外合办的科技学校格致书院，并出版了中国第一本专门性的科学杂志《格致汇编》；拥有中国人自己创办的第一所新式小学梅溪书院；以及中国人自己创办的第一所女子学校中国女学堂。

艺术交汇中心 上海是世界艺术交汇的中心。在美术、戏剧、电影等领域，上海或占据全国半壁江山。一部近代中国电影史，大半篇幅上都写着"上海"。新剧在上海发轫，中国电影在上海诞生，新式画报，文明新剧，机关布景，艺术模特儿，文明婚礼，都首先出现在上海。至于上海文化团体之多，影剧演出场次之繁，更是在全国首屈一指。据不完全统计，20世纪30年代，仅上海的戏曲演出剧场就有100多所，观众席位达十万个以上。

人才中心 近代上海是中国文化人才最多也最为密集的城市。开埠后的二三十年中,上海逐渐形成一个新型知识分子群,主要分布在出版、教育、新闻等文化领域。到戊戌维新时期,上海新型知识分子已经颇具规模。1900年北方战乱,又迫使一批新型知识分子进入上海。据估计,到1903年,上海至少汇集了3 000名拥有一定新知识的知识分子,他们中产生了许多中国杰出的教育家、出版家、翻译家、国学大师、文学大师、律师、政治家等,直接影响了中国的政治、思想和学术的发展。

没有上海,中国现代化发展的步伐、步幅与步调,可能是另一个样子。

◇ 激灵上海 ◇

纵然布上再多的钢筋水泥,刻上再多的岁月沧桑,上海独有的气质始终让城里城外的人对其充满好奇与张望。

万国建筑 去上海,必去外滩。这里,展演着一场历经百年从未落幕的"万国建筑博览会"。

上海外滩,自开埠后就成为西方列国在上海的政治、金融、商务和文化中心,外国的银行、商行、总会云集于此,不同的建筑风格比邻而居,哥特式的尖顶、古希腊式的穹窿、巴洛克式的廊柱、西班牙式的阳台,众多经典建筑风格在此交汇,把上海变成了世界建筑的一道风景。

在上海的街道上随意走着，不经意间就会偶遇一段建筑的世界史……

石库门 上海特色的居民住宅，上海最具"烟火人气"之地。

石库门，顾名思义，即是以石头做门框，以乌漆实心厚木做门扇的房子。石库门汲取了江南民居的式样，以及西方联排式住宅的特征。走进石库门，进门是一个小天井，天井后是客厅，跟着又是一天井，后天井是灶台和后门，天井和客厅两侧是左右厢房，一楼灶台间上面为"亭子间"，再往上就是晒台。石库门总体上采用了欧洲的联排式布局，外墙雕刻西洋建筑的刻花图案，门上的三角形或圆弧形门头装饰也多为西式图案。

就是这样的石库门，一座接一座，一排连一排，从街面向内纵深延展形成了弄堂，也叫里弄。一如北京的胡同，弄堂是属于上海的独特风景，也是上海最真实、开放的空间。在上海作家王安忆眼里，弄堂是上海的底色。

上海的弄堂一直在演变，大致经历过这样几个阶段：木板房屋弄堂（约1876年前），早期石库门弄堂（约1876年），广式弄堂（约1900年），后期石库门弄堂（约1910年），新式弄堂（约1920年），花园弄堂（约1930年）和公寓弄堂（约1940年）。弄堂的名称大都以"里""坊""邨"命名，多以正楷字体从右到左地嵌刻在沿街的过街楼上，同时刻上建造年代。

弄堂里人来人往，留下不少传说。以四明银行投资建造的、位于静安区的四明邨为例，这是一个"名人弄堂"，先后居住过章太炎、徐志摩、周建人、陆小曼、胡蝶[1]，以及印度诗人泰戈尔等。尽管四明邨的第一排房屋已全部拆除，但是在主道的墙壁上仍镌刻着徐志摩和泰戈尔的诗句。

石库门的出现是上海城市生活的必然。它培育了上海这座城市的性格，是上海城市近代历史的重要标志，它既是建筑遗产，也是人文遗产。

洋泾浜 无疑是最具特色的中国方言之一。上海话是开放的，从19世纪后期起，从西方传来了大量的新事物、新理念，上海人以宽阔的胸怀，新见一物，新造一词。如电车、无轨电车、汽车、自行车、马路、洋房、自来水、电灯泡、书局、报馆、影戏院、公司、商会、海关、孤儿院、自来火、橡皮筋、操场、雪花膏、花露水、水果糖、沙发、开司米、白兰地、色拉、啤酒、麦克风、凡士林等，都是首先出现在上海话里。而出版业、金融业、股市等行业中的专业词语，也都是从上海话流传到周边的城市，进而成为国语的一部分。

上海话中的外来词有很多来自英语。如"混腔势"，指蒙混过关，源

1　章太炎(1869—1936)，别名章炳麟，民主革命家、思想家、朴学大师；
　　徐志摩(1897—1931)，现代诗人、散文家；
　　周建人(1888—1984)，社会活动家、生物学家，鲁迅(周作人)的弟弟；
　　陆小曼(1903—1965)，近代女画家，徐志摩的第二任妻子；
　　胡蝶(1908—1989)，20世纪中国内地女演员，出生于上海。

自英文"chance";"肮三",指人或事物素质差、令人不悦,源自英文"on sale";"嗲",指上海女孩的娇媚,源自英文"dear",等等。这种典型的中西交融词语都脱胎于曾经盛行的"洋泾浜英语"。洋泾浜原是上海县城北郊的黄浦江的一条不起眼的支流,却因其是英、法租界的界河而名声大振。这里洋人集中,上海人在与洋人打交道的过程中,逐渐养成了沪语中夹杂英文单词的语言习惯,这就是洋泾浜英语得名之因。

上海话还常从外地移民中吸取特色词汇。宁波话里的"阿拉",如今成为上海人的标志;苏州话里的"标致"等成为上海通用语言;苏北话里的"小把戏""乖乖隆地咚",杭州话的"莫老老",等等,也注入了上海话。

上海话充满了生活情趣,具有强烈的表现性。上海人的聪明也体现在根据生动的现实生活创造出活灵活现的新词,尤其是许多具有浓郁海派味道的俚语,非上海不能有,如牵头皮[2]、戳壁脚[3]、捣糨糊[4]、敲木鱼[5]、避风头[6]、调枪花[7]、软脚蟹[8],等等,表现出生活的趣味性和张力。

2　被人牵着头皮走,一般指别人控制,或有把柄在别人手里,做着不愿做的事。
3　指背地里说人坏话、拆台。
4　指敷衍别人。
5　指一个人唠叨。
6　指暂时躲避将要发生的不利于自己的事件。
7　指扯谎。
8　指一个人软弱无能。

正是这种强烈的创造性使得上海话里的词语的新陈代谢比其他方言都要高效得多。

◇ 上海老潮 ◇

旗袍 绸缎旗袍，配以西式外套，毛皮大衣或呢子大衣，脚踩高跟鞋，走起路来一头波浪卷发摇曳生香，一身桃红柳绿随身形曲折变幻……就这样，旗袍，成为上海的声色光影里的记忆，并从上海风靡中国，影响世界。

旗袍，源自古代蒙古女子的袍服，后成为清代满族服饰。满族实行八旗[9]制度，编入旗籍者皆称旗人，"旗袍"专属"旗人"，依照清朝历法，汉族女子不允许穿旗装。1913 年，自上海女学生们身穿宽松的蓝色棉布旗袍出现在街头起，旗袍为旗人专属的传统就此被打破。

女子官服 20 世纪 20 年代以来的上海旗袍，因中西合璧色彩明显而形成海派特色，成为引领旗袍革新的旗帜，甚至有美术家专门设计旗袍的新样式，使旗袍不断推陈出新，式样渐趋多样化。1929 年，国民政府颁布《民国服制条例》，正式将旗袍定为国服，即国民礼服。自此直至 20 世纪 40 年代末，旗袍成为中国妇女最重要的日常服饰，堪称女子"官服"。

---

9 指正黄旗、镶黄旗、正红旗、镶红旗、正白旗、镶白旗、正蓝旗、镶蓝旗。

旗袍偶像 老上海的旗袍造就了很多"旗袍偶像",形成了旗袍明星商业模式。一代影星阮玲玉和胡蝶等人身体力行推动了旗袍的发展。一些具有商业眼光的时装店老板则利用上海电影的繁荣,在拍摄电影期间,将店里的旗袍免费提供,以赞助的名义为自己做了无声的"广告植入",而一待电影上映,老板就推出与电影女主角所穿同款的旗袍,然后再推出新款,明星的偶像效应及商业价值,老板赚得盆满钵溢。

旗袍外交 "穿旗袍,需要内功!"旗袍,衣中贵族,那股贵气不在衣料本身是否名贵,而在做工的精巧和穿衣人的内功。可能正因此,政要们的太太对旗袍也无比青睐,让旗袍成为中国政治风云变化的底色。

宋庆龄一生最喜欢穿中式服装,她的旗袍一直随着时尚在变,但她的变是有限度的,始终的低开衩,色泽素雅,端庄大方,尽显其不卑不亢的性格和优雅贤淑的气质。宋美龄一生也钟爱旗袍,在各种正式场合总是身着款款大方的旗袍,即使赋闲在家也喜欢穿旗袍。她在美国国会用纯正的英语讲演时,也是一身旗袍,其神采征服了全美国。

技艺传承 真正的海派旗袍必须纯手工度身定制,仅"量体"的步骤就要求测量全身上下 36 处,然后才可"裁衣",然后是复杂的装饰,方法有镶、滚、嵌、盘、绣、贴等,而组扣的花样就多达数百种。旗袍在未传入上海前,只是一件肥大的没有腰身的袍子,男女几乎无异。进入上海后,上海师傅将西方时装元素,如打裥、收腰、装垫肩等注入进去,令上海旗袍走出中国传统女装不注重人体线条美的陈章,跨进时装的行列。

石库门和旗袍是"老上海"的代表。

目前，旗袍制作技艺，已入列非物质文化遗产。2014 年，上海正式将 6 月 6 日确定为"海派旗袍日"。

老克勒　上海一个平常的午后，慵懒的太阳下一辆小轿车停在德大西餐厅前。车门缓缓打开，一位优雅的男士走出来，白色的尖头皮鞋锃亮，一尘不染；裤缝熨得笔挺，西装剪裁精致，出自茂名南路弄堂里的老裁缝之手，领口露出里头的花格子衬衫；头丝清爽，油光可鉴。他缓缓步入西餐厅，熟门熟路。

他就是人们俗称的老克勒。"克勒"是上海人口中的外来词，可对应 class、color、carat、clerk。

在克勒们身上，旧上海的浮华一览无遗。他们都在专门的男子学校接受过英语、音乐、马术等礼仪和技术的专门训练，对西方历史、文化素养有较深的理解；有良好的艺术感觉，舞技要精湛，穿着品位高尚，袖口和领带的扣针必须是在洋行定制的；在社交场合言谈举止典雅，坐有坐相，立有立相；生活考究不迁就，孜孜不倦地追求生活的品质与格调；他们都是对社会有一定贡献的精英和专业人士，从事的职业一般是医生、律师、工程师、教师等，但绝不能是蓝领阶层；太太必须是淑女，等等。即使在物资匮乏的年代，他们也要坚守着最起码的绅士风度与体面生活，用精神抗衡物质，用回忆抗衡岁月！

"老克勒"之"老"，以前是指精致到极限，现在则是指岁月。时光流逝，老克勒们的昔日辉煌，大多留在对过去生活的真切回忆之中。

◇ 城市天际线 ◇

上海一直在"长高"。

20世纪二三十年代是近代上海经济最繁荣的阶段，城市化的高速发展带动了建筑业的蓬勃。当时的上海中外建筑师云集，上海近代的优秀建筑几乎都是在这个阶段由他们和中国第一代建筑师所创建。

1930年，由金城、盐业、大陆和中南四家银行联合组成的四行储蓄会积累了大量资金，决定投资高层现代旅馆，选址静安寺路派克路转角，并公开征集设计方案。匈牙利籍建筑师邬达克（1893—1958）的设计方案优胜而出。1934年，邬达克设计的这座国际饭店（即上海四行储蓄会二十二层大厦）落成，地下2层，地上22层，高83.8米，获得"远东第一高楼"之称。这座大楼不仅造型新颖，而且综合了世界各国的先进建筑和设计技术，融汇了现代建筑的各种观念和表现方式，其结构、设备也都代表了当时上海甚至远东地区的最高水平，也是中国近代施工行业的奇迹。因此，这座远东第一高楼，不仅奠定了邬达克在上海建筑史上不可动摇的地位，也代表了当时的上海。国际饭店占据了中国第一高楼之名长达50年，楼顶旗杆的中心位置被定义为上海城市测绘的零坐标。随后的半个世纪间，上海在一直"长胖"，"长高"的劲头近乎消失。

但上海从未放弃过长高的机会和尝试。1983年，在静安区乌鲁木齐北路上，一幢名为上海宾馆的建筑拔地而起，其设计师是中国人汪定曾和同济大学建筑系的毕业生张皆正。上海宾馆高90.5米，与国际饭店的6.7米之差，让上海"长"到了一个新高度。上海继续"长高"，而且速度越来越快。

1993年，金茂大厦拔地而起。大厦选址在当时刚刚开发的浦东陆家嘴，由美国SOM设计事务所设计，却充满了中国基因，如采用了苏州园林中的月拱门，中国北方农村建筑里的花格窗，并从中国古代的宝塔中汲取了灵感。在中国传统建筑里，以塔为最高，而宝塔最高是13层，表示功德圆满。金茂大厦据此被分割为13个塔节，层层收拢，节奏感强，寓意美好圆满。

2008年，技术和高度都比金茂大厦更进一步的环球金融中心落成了。大厦顶端是一个梯形开口——观光天阁。按照1997年建造之初的规划，环球金融中心高460米，彼时是世界第一高楼的高度。然而1999年，台北开始建造高480米的101大厦。环球金融中心从460米加高至492米，成为当时的世界第一高楼。

上海还想更高。2014年，632米高的上海中心大厦建成，成为浦江两岸最新的"第一楼"。上海中心大厦如同一条盘旋上升的巨龙，龙尾在顶部上翘。大厦的设计强化了上海作为中国现代化引擎的国际城市的动感意象，而"龙形"设计创意则呼应了中国人是"龙的传人"，因此受到中国人的喜爱。

巧合的是，作为"万国建筑博览会"所在地，被列为"上海优秀历史建筑"的上海老建筑也是632处。

两个"632"，一个是垂直高度，也是时代的高度和速度，一个是历史的深度和宽度，两者结合，把上海建筑的历史与现实立体地呈现在了人们面前，并共同见证着上海城市发展的百年风雨和历史变迁。

"巴别塔"只是传说，但上海在努力将这个传说变成中国现实，虽然路还远，但会一直走。

图书在版编目（CIP）数据

中华文化之旅：精编版 / 孙宜学等著；王禹惟插画 . -- 上海：同济大学出版社，2020.5

ISBN 978-7-5608-9187-3

Ⅰ . ①中… Ⅱ . ①孙… ②王… Ⅲ . ①中华文化—教材 Ⅳ . ① K203

中国版本图书馆 CIP 数据核字 (2020) 第 033444 号

中华文化之旅（精编版）

孙宜学 等著　　王禹惟 插画

A JOURNEY TO CHINESE CULTURE
Authored by Yixue Sun et al., Illustrations by Yuwei Wang

出 品 人：华春荣
策划编辑：袁佳麟
特约编辑：冯慧
责任编辑：丁会欣
装帧设计：胡佳颖
插画：王禹惟
责任校对：徐春莲
出版发行：同济大学出版社
地址：上海市杨浦区四平路 1239 号
邮政编码：200092
网址：http://www.tongjipress.com.cn
经销：全国各地新华书店
版次：2020 年 5 月第 1 版
印次：2020 年 5 月第 1 次印刷
印刷：上海雅昌艺术印刷有限公司
开本：787mm×1092mm 1/16
印张：14
字数：280 000
书号：ISBN 978-7-5608-9187-3
定价：98.00 元

本书若有印装质量问题，请向本社发行部调换。
版权所有　侵权必究